唐朝故事

一口气读懂中国史

将进酒·黄　著

人民东方出版传媒
東方出版社

唐朝大事记

公元 618 年　李渊称帝，国号唐，是为唐高祖
公元 626 年　玄武门之变，李世民即位，是为唐太宗
公元 649 年　李治即位，是为唐高宗
公元 690 年　武则天称帝，改唐为周
公元 705 年　神龙政变，武则天退位，复国号唐
公元 712 年　李隆基即位，是为玄宗
公元 755 年　安史之乱爆发
公元 756 年　太子李亨即位，是为肃宗
公元 762 年　李豫即位，是为代宗。第二年安史之乱结束
公元 779 年　李适即位，是为德宗
公元 805 年　顺宗李诵、宪宗李纯先后即位
公元 820 年　宪宗为宦官所杀，李恒即位，是为穆宗
公元 824 年　李湛即位，是为敬宗
公元 826 年　敬宗为宦官所杀，李昂即位，是为文宗
公元 840 年　李炎即位，是为武宗
公元 846 年　李忱即位，是为宣宗
公元 859 年　李漼即位，是为懿宗
公元 873 年　李儇即位，是为僖宗
公元 888 年　李晔即位，是为昭宗
公元 904 年　李柷即位，是为唐哀帝
公元 907 年　朱温代唐，改国号梁，唐朝亡

目录

第一章　焕然登场
——李氏父子的开国往事

太原起兵 3
好头颅，谁来取 7
大扫群雄 10
血溅玄武门 14
唐太宗四请马周 18
李靖平东突厥 21
安市城之战 24
白江村海战 28

第二章　红妆年代
——从武则天到韦后

武媚娘驯马 35
此陛下家事 38
请君入瓮 41
狄仁杰解梦 44

神龙政变 47
中宗之死 51
青年王爷李隆基 55

第三章　天上人间
——唐玄宗的辉煌与迟暮

侄儿杀姑姑 61
救时宰相 65
口蜜腹剑 69
洗儿钱 72
杨国忠当政 75
范阳起兵 78
潼关之战 82
马嵬驿兵变 86

第四章　力挽狂澜

——“安史之乱”和庙堂恩怨

四万义军同日死　91

唐朝版的地道战　94

广平王复两京　98

睢阳保卫战　102

唐玄宗之死　107

李辅国之死　111

史朝义“要饭”　114

代宗出逃　118

单骑入敌营　121

谋杀鱼朝恩　124

第五章　谁主浮沉

——唐德宗的治国之术

杨炎之死　129

“四王二帝”的合纵连横　133

间架税　136

泾师兵变 139
奉天保卫战 142
卢杞阴出颜真卿 145
陆贽被黜 149

第六章　回光返照
——在纵欲与图治的案板上

“二王八司马”事件 155
武元衡的脑袋 159
李愬雪夜袭蔡州 163
算命先生与染工 167
甘露之变 171
会昌法难 174
仇士良之死 177
终于出了个“小太宗” 180
桂林兵变 184

第七章 日落九世纪

——大唐帝国的消失

黄巢称霸 191

朱温叛变 194

上源驿宴会 197

朱温屠宦官 200

白马之祸 204

朱温代唐 208

引子

说唐朝的故事，得先从隋朝说起。隋和唐的关系，用一句成语来形容，那就是“前人栽树，后人乘凉”，没错，捡了个大便宜的正是唐朝。

要知道，隋朝之前是历史上有名的大分裂大混战时代——南北朝，到了隋朝开国皇帝杨坚这里，才把这些大大小小的割据政权给收拾干净了，中国再度统一。杨坚是个好皇帝，在他的治理下，中国进入了又一个“盛世”。但不幸的是，他的儿子隋炀帝太“能干”，十来年工夫，就把一个大好江山折腾得乌烟瘴气。

唐朝的故事正是从此开始。

第一章　焕然登场——李氏父子的开国往事

公元618年，太原防卫司令（太原留守）李渊在太原起兵，很快打下了隋的首都长安（今西安）。不久，在江都（今扬州）过着逍遥日子的隋炀帝被叛兵杀掉，李渊趁机称帝，建立唐朝。

李渊就是唐高祖。之后，李家父子齐心协力把其他各路造反军都一一打败，于624年统一中国。626年，李渊的二儿子李世民发动“玄武门兵变”，杀掉太子李建成、弟弟李元吉。两个月后，李渊退位，李世民登基，是为唐太宗。

随着唐太宗的登基，中国历史上第二个黄金时代到来。唐太宗带领他的文官团队（魏徵、房玄龄、杜如晦等）一起开创了“贞观之治”，又带领他的武将团队东征西讨，奠定了“天可汗”的皇皇大业。唐太宗的贵族气质，诸如眼界、自信、善于倾听是他开创大唐帝国光辉的前提。然而，唐帝国的政治生活不久就出现了问题，太子李承乾试图谋反，被李世民废掉。李世民的几个儿子都窥探太子之位，阴差阳错之下，李治成为太子，即后来的唐高宗。

649年，唐太宗李世民去世，唐高宗上台。唐高宗在历史上并不重要，重要的是他的皇后——武则天。这时的大唐帝国仍然像一艘巨轮一样，行驶在平静的海面上，但海面之下，却已在酝酿着几乎要掀翻这艘巨轮的惊涛骇浪……

太原起兵

隋朝末年，李渊担任太原防卫司令（太原留守）兼隋炀帝在太原晋阳行宫的一把手。当时中原大乱，平民与贵族全都以造反为能事，李渊在太原想的也很多，但李渊这个人以谨慎著称，从不轻举妄动。

晋阳宫的二把手裴寂先不安分起来，此人膀大腰圆，喜欢喝酒玩乐，与李渊是十足的酒友。晋阳县的县令刘文静是个豪爽洒脱而又非常聪明的人，和裴寂也是好朋友。两人也经常在一起喝酒。某一天，两人喝多了酒，裴寂看着外面的巡逻兵在城垛上点燃的烽火，不禁叹息："如今这个世道，很难有发展啊。"

刘文静也喝多了，吹牛："就凭你我二人的才智，怎么可能没有发展？"

裴寂喝完了酒，也就没有把自己的叹息当回事。

刘文静可不是这么随便一说，他又找到裴寂，这一次两人没有喝酒。刘文静很认真地对酒友说："我看唐公的二公子不是平

庙堂真相

李渊原来是高干子弟

李渊身世显赫，爷爷李虎是西魏的唐国公；父亲李昞是北周的柱国大将军、唐国公，和杨坚是同事兼亲戚；李渊自己七岁就袭封唐国公，616 年，被表哥杨广任为太原留守，有兵有地盘。可见革命得有物质基础和群众基础啊！

常之人。”裴寂见过李渊的三个儿子，大儿子李建成，老二李世民，老四李元吉，乍一看上去都是富家子弟，三人没有不同之处。刘文静从他的神情中看出来了，就解释说：“老二豁然大度如同当年的汉高祖刘邦，神采英武如同魏武帝曹操，年纪虽轻，以后必将是扬名于世的杰出人才。”

不久后，刘文静因与一个造反者李密有亲戚关系，被隋炀帝下令就地关押，刘文静进监狱后，李世民就来了。两人没谈几句，刘文静就说：“天下如此之乱，要是有一位如汉高祖、汉光武帝那样的人站出来，就好了。”

李世民就很自负地问道：“你怎么知道没有这样的人？”然后他看着刘文静，在自己的身上使眼色。

刘文静知道对方中计了，高兴万分：“我明白了，您就是这样的人才，现在是时候了。皇上远在江南，李密又在包围着东都，群盗无数。在这个时候，若有真正的天下之主驱使驾驭这些人，夺取天下易如反掌。”李世民觉得这话有点大，刘文静又继续说道：“我这并非胡说，以我多年来做县令的经验，太原大多数百姓都是为了躲避盗贼进入城内的，如果把这些人召集起来，你老

野史秘闻

但存颜色在，离别只今年

隋炀帝杨广要从江都转征辽东，奉命留下的宫女都哭着希望炀帝不要去，说辽东小国，不值得劳动大驾，派个大将去就可以。炀帝走的时候，宫女们拼命拉着车子，手指都磨出了血，染红了车轮子。炀帝不以为意，很潇洒地写了一首诗，给留守的宫女们：我梦江都好，征辽亦偶然。但存颜色在，离别只今年。——好好保重，在家好好地美丽着，只不过一年后，我就回来了。

爸又有几万军队，一声号令，谁敢不从？到时候，我们乘虚入关，用不上半年时间，就可以成就帝王大业。”

出了监狱，李世民就去找裴寂，商量如何让李渊造反。裴寂是个很直接的男人，就劝说李渊造反。李渊当然不答应。

看到李渊那副假正经的样子，裴寂只好改用不正经的手段。他请李渊到晋阳宫里吃饭，先把李渊灌醉，李渊平时酒量很好，但那天几杯酒下肚真的就醉了。裴寂先把他弄到床上，然后又扔了两个宫里的女子到床上。

李渊第二天醒来，一看身边有两个美女，不禁大惊失色。行宫的女人虽然实质上没有全属于杨广一人，但名义上，这些女人都是杨广的。李渊确信，自己昨天晚上给皇上戴了绿帽子。绿帽子本已经很吓人，更何况是给皇帝戴绿帽子。

裴寂很适时地走了出来，向李渊说道：“大人勿惊，既然睡都睡了，这种事情也不能更改。”李渊跟死了一样。

裴寂见李渊木头一样坐在那里，趁势说道：“所谓识时务者为俊杰，当今皇上无道，百姓穷困，群雄逐鹿，连晋阳城外都没有半点安生之地。而您手握重兵，在这个时候就应该造反，夺了

野史秘闻

阿婆

隋炀帝宴请群臣，看到李渊脸皮皱巴巴的，就叫他“阿婆”。李渊回到家里，很不高兴，把这事告诉了老婆，老婆说：这是好兆头啊！您封为唐公，唐即堂，阿婆就是堂主，将来会贵有天下。李渊听了开心起来。据说之前隋文帝梦见洪水淹没了京城，心里一惊，赶紧营建新都大兴（即后来唐朝的长安）。后来有人说：洪水，指的是“渊”，意即李渊要抢隋朝的天下。

他的江山。”

李渊不知道为什么，脑袋突然就开窍了，终于决定起兵，从太原一直打到隋炀帝的老窝长安城。李渊进入长安，先假惺惺地立了隋炀帝的一个孙子为皇帝，隋炀帝死后，他也就撕下面具，“被禅让”登基，国号唐，是为唐高祖。

向历史借智慧

第一代创业家都是辛苦的命

李渊作为唐朝的第一代创业家，过的日子实在是很辛苦。很多人甚至觉得李渊很平庸，想想看，在他前面是雄心壮志的隋炀帝，在他后面是名垂青史的唐太宗，这两位皇帝的万丈光芒把李渊衬得黯然失色。刚创业那阵，李渊东征西战，脑袋悬在裤腰带上；好不容易过上安稳日子了，才两年，儿子们争皇位，互相砍来砍去，自己也很快被迫辞职。所以说，第一代创业家是辛苦的命，好处全让“二世主”给占了，因此，如今很多人都有一个“富二代”的梦。

好头颅，谁来取

公元618年，当隋炀帝在江都（今扬州）的豪华宫殿中纵欲享乐的时候，有几个人正在宫外密谋一件大事。他们就是亲军侍卫长（武贲郎将）司马德戡和大臣元礼以及裴虔通。三人自几年前跟随隋炀帝从中原来到江都，就从来没有开心过。他们是北方人，不习惯南方的气候和生活环境，一直想回中原。可隋炀帝给他们的信息却是，要老死在江南。三人为什么要造反，还有正义的原因在里面。用司马德戡的话说，皇帝上台后就没有干什么好事，修大运河、造大船，北到突厥炫耀兵力、东征高丽三次，花了很多钱，却什么都没有得到。到现在，中原大乱，他居然跑到江南这个地方当鸵鸟。这样的皇帝，要他有何用？

隋炀帝也知道自己没有用处了，所以来到江都后，他两耳不闻天下事，尽情享乐。他对他的女人们说，人生在世屈指一算没有多少年，就应该好好享受，否则，不是白来人世一回吗？当有人告诉他，宫外正有人密谋造反的时候，他大怒，将来人拖出去

庙堂真相

隋、唐都以“禅让”建国

581年，原北周的随国公杨坚，接受北周小皇帝的禅位，建立隋朝。三十七后，618年，隋炀帝一死，原隋朝的唐王李渊，接受隋朝傀儡皇帝的禅位，建立唐朝。

杀掉了。所以，当司马德戡和大臣元礼以及裴虔通的“阴谋”已经尽人皆知的时候，隋炀帝在宫里居然一无所知。

不过，他似乎又什么都知道，整日里胆战心惊。

隋炀帝为自己备下了毒酒，对未来的命运恐惧不已，就连睡觉都常常惊醒，身边要有人安抚才能勉强入睡。他指着自己备下的毒酒对众妃嫔说：“如果有人进宫造反，你们就先把这些毒酒喝了，朕定尾随其后，跟你们共赴黄泉。”

有一次，宫殿里着了火，他惊恐万分，以为有人造反，就急忙躲进草丛中，直到大火熄灭才战战兢兢地出来。后来他对着镜子像是很欣赏自己地赞叹道：“好头颅，谁来取？”

隋大业十四年（公元618年）农历三月的一天，密谋者在黎明带领军队冲进了隋炀帝的宫殿，隋炀帝被吵闹声惊起，招来守卫问怎么回事。守卫回答：“有人谋反。”隋炀帝大惊：“谁？”守卫告诉了他。隋炀帝很吃惊：“我之前怎么不知道？”守卫回答：“我们早知道。”隋炀帝真想抽这个人一嘴巴：“那你怎么不早说？”守卫回答：“若是早说，我现在还能站在你面前吗？”隋炀帝感叹一回，此时乱兵已经杀到了门口，他立即换了服装，藏了起来。

庙堂真相

隋炀帝

隋炀帝杨广（569—618），史上最有名的坏皇帝之一，史上最败家的“二世主”，他靠阴谋欺骗才当上皇帝。据说他弑父杀兄，不孝不悌：604年农历七月，老皇帝杨坚得了重病，在父母面前一直夹着尾巴做人的杨广，顿时原形毕露，调戏起父皇的宠妃来。被父皇发觉后，他索性一不做二不休，勾结大臣杨素毒死了父皇，并派人杀死囚禁中的旧太子——兄长杨勇。

但是，宫殿里到处都是乱军，他根本藏不住。太阳升起来的时候，他被活捉了。不久后，他被带到乱军中间，乱军首领宣布他的罪状，然后下令对他执行死刑——勒死。隋炀帝很不平：“我是皇帝，皇帝就该有皇帝的死法，给我一杯毒酒。”

乱军没有答应，用绳子把他活活勒死了。

隋炀帝死时才五十岁，他甚至连一口像样的棺材都没有，只有萧皇后和宫人把床板拆了，偷偷为他做了一口棺材，将其葬在江都宫的流珠堂下。唐贞观五年（631 年），唐太宗才把他按照帝礼重新埋葬了一回。

身为一国之君，下场竟如此凄惨，他在九泉下，是怨谋反的人还是该怨自己呢？

向历史借智慧

人品好比聪明更重要

杨广是个极聪明的人，因为聪明，他才当上皇帝；因为聪明，他才会玩，把一个好好的隋朝都玩完了。有个教育家曾经感慨：宁要笨学生，不要坏学生。今天的老板也这样想：笨员工尽量不招，坏员工坚决不能要。笨一点还坏不了什么事，坏一点可就轻则办公室鸡犬不宁，重则公司都给搞垮。

大扫群雄

既然隋炀帝自己不争气，那别人也就不客气了。有枪都是草头王，除了李渊这一家子外，其他起来造反的还有很多人：薛举、李轨、梁师都、王世充、萧铣、林士弘、刘武周、窦建德……

最先有统一想法的是李渊。他制定了一个统一全国的计划：先固关中，东攻中原，最后平定江南。这是一个先找到菜园子然后再去抢劫的策略。当时的关中是全国的政治、经济、军事中心，又有关河之险，可攻可守。在攻占了南阳、安陆、荆襄等地后，李渊把关中纳入囊中。

关中是块肥肉，李渊想独吞，必然有人反对。薛举、李轨和刘武周如饿狼一样围了上来。李渊决定先对付最恶的狼——薛举。

薛举据有陇西之地，拥兵十数万，自称秦帝。在李渊准备把关中当菜园子的时候，薛举也来争过，但没有得到。这一次，他是有备而来，所以，很容易地就在长安城附近的浅水原把唐军打得哭爹喊娘，正要攻占长安时，李渊的好运气来了：薛举突然死了。

庙堂真相

十八路反王

隋末唐初，群雄争霸，割一块地盘就称王称帝，主要的人物有：李渊（国号：唐）、宇文化及（许）、王世充（郑）、李密（魏）、薛举（西秦）、李轨（大凉）、窦建德（夏）、刘黑闼（汉）、刘武周（称定杨可汗）、梁师都……各个蓄兵养马，互相攻伐，这就是《说唐》中演绎的“十八路反王”。624年，李家父子一扫群雄，统一大业完成。

其子薛仁杲继位，薛仁杲显然没有他爹的手腕。李渊趁此机会派使赴凉州封李轨为凉王，李轨痛快地答应了，反正老薛家跟他又不是亲戚，敌人越少越好。薛仁杲受到孤立，在浅水原被李世民击败，全军覆没。

薛仁杲投降，陇西地尽归李渊。李渊片刻都不想耽误，用兵力告诉那个想坐山观虎斗的李轨，这个世界上没有免费的参观。李轨很快就被活捉，他的河西五郡也被李渊搞到了手。

刘武周可不是那种三下两下就能打发了的人。他也有统一天下的目标，远的没有想好，近的，就是先攻太原。在李渊灭掉李轨不久，刘武周发兵南下，势如破竹，一直攻进了太原。他又制定了目标：南下。

执行人是他的大将宋金刚。

李渊跟当初进长安时一样，临阵退缩，欲放弃河东。李世民告诉他，如果放弃河东，强盗就会打进咱们的菜园子。于是，李世民领军渡河与宋金刚对阵于柏壁（今山西新绛西南）。

宋金刚遇到李世民，是他人生的耻辱。他向来好战，可李世民不给他机会。五个月后，等宋金刚粮草用尽，撤退的时候，李

名臣风骨

苏世长正直

隋炀帝被杀，苏世长听说后大哭。后来和王世充的手下共守襄阳，高祖和他是老相识，派使者前去劝降。他见都不见，来一个杀一个。后来王世充失败，苏世长才归顺。高祖责问他，他回答："隋末战乱，群雄逐鹿，最后陛下胜出，难道要怪罪一起追逐的？王世充已死，我才归顺陛下。如果他还在，我的襄阳一带还会是陛下的劲敌。"高祖也不怪罪，还升了他的官。

世民招呼他决战。宋金刚很饿，所以跑得特别快，但李世民追得更快，日行两百里，连败宋军，斩数万人。刘武周与宋金刚只此一战，斗志与能量全无，逃到了突厥，不久被突厥人像杀马一样杀掉了。

只用了三年时间，李渊靠着好运气和李世民的军事才能，拥有了西至陇右、南拥巴蜀、北据河东的坚固的根据地。菜园子维护好后，李渊的第二步提上日程：出去抢劫，目标是洛阳的王世充。

王世充在洛阳看着李唐这个气球一点点胀大，很慌张。当李世民率十万大军来找他玩玩的时候，他更加慌张。李世民先是把洛阳周围的王世充的实力据点逐个拔掉，最后把洛阳围了个水泄不通。

王世充突围了很多次，都被李世民打了回去。王世充就有点软了，对李世民说："你在长安，我在洛阳，大家谁都不干涉谁，你跑来打我做什么？"但李世民不理会他的白痴想法。王世充不得不向河北的窦建德求救，窦建德很够义气，同时也是担心王世充一灭，自己形单影只，于是出十万兵救援洛阳。李世民早已预料到，于是在虎牢放重兵阻挡窦建德。再利用窦建德心急如焚的

野史秘闻

不给贪污分子发津贴

滕王李元婴是高祖李渊的叔叔，蒋王李恽是李渊的兄长，都有贪污之名。李渊给诸王发过节费，其他人都发了，唯独不给他们两个人发。李渊说："你们二位不守规矩，已经捞了不少钱，就用不着我来赏赐了！"

状态，诱其出战，结果窦建德中枪落马被俘，全军溃散。

李世民活捉窦建德后，又回师洛阳围困王世充。

王世充说："你小子能保证我以后的安全吗？"李世民就差把八辈祖宗抬出来发誓用了。王世充很愉快地投降了。但李渊没有给他任何承诺，所以很快就杀掉了他。

此时，李唐已经控制了黄河流域，取得了河南、河北的统治权。第三步就是去江南抢劫了。

盘踞江陵的梁帝萧铣号称拥兵四十万，但他的胸怀永远都装不下这么多的兵。他大概患有焦虑症，多疑，总胡思乱想，很多大臣与大将都被他杀掉，四十万人连一盘散沙都不如。李渊听到由这样一个病夫统治江南，心花怒放，派李靖利用长江水涨，率军进攻江陵。没有人为萧铣尽力，当李靖攻进他的宫殿时，萧铣的亲军跑出去假装战了一同，又跑回来等死。萧铣只好被活捉。

接着，唐朝军队又击败在庭州（今江西赣州西南）称楚帝的农民领袖林士弘，得到了长江中游及岭南之地。另一支农民起义军首领杜伏威见势不妙，主动投降了。至此，除朔方梁师都依靠突厥势力没能很快被平定外，李唐基本统一了全国。

向历史借智慧

理想决定命运

有多大的理想，决定你能成就多大的事业。实现理想的愿望有多强，决定了你在通往理想的路上能走多远。在"十八路反王"中，至少有三位是有可能一统天下的，比如，李密、窦建德和后来的农民领袖林士弘。但为什么最后是李氏父子统一天下？因为他们的理想够大，实现理想的愿望够强，所以走得更远；并且，理想不是幻想，理想需要很多方面的付出，需要严密的计划、严格的执行，与那十八家公司相比，李唐公司在这方面是做得最好的。

血溅玄武门

唐武德九年六月（公元626年7月）的一天，秦王李世民入宫向自己的父亲告发兄长李建成的阴谋：“太子李建成用心险恶，此次四弟元吉要出征突厥，他二人串通一气，意图夺取儿臣的兵马，除掉儿臣。”

高祖李渊开始还不相信，但是看自己的儿子诚恳悲切，心中不忍，只得说：“你也别急，你们毕竟是手足兄弟，他俩不至于真有加害之心。待明日我好好问问他二人便是了。”李世民见父亲已然作答，就悻悻地离开了。另一边，李建成知道了弟弟告发自己的事，哪里还坐得住。他忙拉了李元吉一同进宫，准备逼李渊表态。

二人骑着马，带领一小队士兵，一如往常地向玄武门走来，这里执行禁卫的总领是李建成的亲信常何。按理说玄武门本来很安全的，但李建成万万没想到的是，李世民早已收买了常何，所以这日的玄武门暗藏了一股肃杀之气。

庙堂真相

李渊被迫成为“太上皇”

继隋炀帝杨广被李渊逼成“太上皇”之后，626年，经过“玄武门之变”，唐高祖李渊的皇位也终于坐不踏实了，他倒是很识相，赶紧退位给儿子，自己做了太上皇，回家和妃子们打打麻将、钓钓鱼，过退休生活去了。

“兄长，今日这里似乎有些不对劲。”旁边的李元吉突然低声提醒李建成道。

李建成心中一凛，不自觉地打了个寒战：“今日不进宫了，我们快些回去。”说着，连忙策马掉头离开。

“兄长留步。”李建成听到有人在叫自己，回头一看，只见二弟李世民领着一百多人，骑着马远远地向自己靠近。

“本是同根生，相煎何太急。兄长，你几次三番加害于我，这兄弟之情已经所剩无几了。今日你我二人就在这玄武门一较高下，不死不休！”李世民朗声说着，策马急追过来。其实他最初也不曾料到兄弟之间会走到这一步，但兄长的逼害终于让他忍无可忍。

李建成哪里顾得上别的，慌乱之中择路而逃。一旁的李元吉也慌了手脚，他本来想拉弓射箭，却屡次不成功。李世民见状，拉弓搭箭就朝李建成射去。隋末唐初，秦王李世民战功赫赫，威名远播，骑射这样的功夫自然不在话下。这一箭正正地射中李建成的喉咙，李唐王朝的第一顺位继承人就这样命归黄泉。

见李建成突然死亡，双方的人马都轰然而起，混战开始了。

庙堂真相

太子李建成

李建成（589—626），有战功，又是长子，所以理所当然地被封为皇太子。太子和世民、元吉是一母同胞，但因为父亲李渊做了皇帝，这哥儿几个便做不成好兄弟了。史书上说：有一次骑射比赛，建成故意挑了匹不好的马给世民，世民差点摔死；又有一次，建成请世民喝酒，在酒中下毒，世民喝完之后，吐了好几斗血。但史书上同时也说：太子性情好，做人厚道。厚道人怎么会做了这么多要杀害兄弟的坏事？所以，后世学者都怀疑李世民篡改了史书。

李世民虽然对兄长起了杀心，但对这样的结局也是惶恐不已，在危急关头竟然怔住了。混战中，他的马受了惊，自己竟控制不住，以致被树枝绊住。李元吉见到他受困，就急忙掉转马头向他冲过来，顺势夺了李世民的弓，想用弓弦把他勒死。

远处的尉迟恭见了，一边大喊住手，一边策马飞奔而来。李元吉一见尉迟恭，如同白日见鬼一样，立即魂飞魄散。因为当年二人比试过，李元吉三战三败，所以，他转身就跑。尉迟恭紧追不舍，不但追，而且还拉弓射他，李元吉听到箭声，已来不及回头，当场被射死。

其实早在混战开始的时候，东宫和齐王府就得知了消息，匆匆率领大队人马赶到玄武门，以图护主。尉迟恭眼看形势不利，就割下了太子李建成的头颅示众。东宫和齐王府的人看到了自己主子的项上人头，都惊恐不已，无心再战。

随后，尉迟恭又身着战甲，手执长矛奔往李渊处。李渊当时还在海池划船，看到尉迟恭来势汹汹，忙问出了什么事。

尉迟恭正色回道："陛下，太子和齐王造反了，秦王正在带兵剿灭叛党，特命我来保护皇上。"

名臣风骨

给我一杯贪泉水

冯立早年是太子李建成的手下。玄武门兵变时，太子的人都逃走了，冯立说："太子在时，我们受其恩惠，怎么能他一死，我们就只顾着逃命呢？"于是带领人马攻打玄武门，杀了将军敬君弘。然后对手下说："现在差不多对得起太子了，大家各自散吧。"李世民很赏识冯立，就赦免了他，派他到广东南海做官。南海有一处泉水，号称"贪泉"，据说只要喝了这泉水，人就会变得贪婪。冯立说："喝一口泉水真就会变成贪官了？我倒要试试！"舀起一杯水，一口饮尽。

李渊一听，心中也猜到了八九成内情，丧子之痛再加上眼前大势已去，他颓然坐倒，再无心追究了。

“玄武门之变”是李唐王朝内部的一次政变，它因争夺利益而生，最终也以争夺利益而结束。同年八月，高祖李渊被迫退位，李世民登基，史称唐太宗。

向历史借智慧

家族企业不好做

虽说“打仗亲兄弟，上阵父子兵”，但企业做大后，该分钱分地盘了，父子兵也好兄弟兵也好，都不顶用——“亲兄弟，明算账”。家族企业不好做。家族企业的困境在于：创业期，兄弟多，势力大，连带上大舅子、小外甥，三十几个人的小企业都不需要对外招人；发展期，因为家人多，谁也不服谁，利益要均沾，家产难分，这时突然又觉得，还是独生子女好哇！

唐太宗四请马周

唐太宗即位后，专心于国事，希望能把大唐治理得繁荣昌盛。

贞观五年（公元631年），太宗要求群臣写一篇议论朝政得失的文章。官员们领命后，就纷纷回家写文章去了，其中有个叫常何的，因为在玄武门事变中立了大功（当时是玄武门的守军头目，他在李建成等人进入后关起大门，才使李世民来了个瓮中捉鳖），被太宗擢升为亲军侍卫长（中郎将）。常何从小没怎么读过书，这次要他写文章可真是难倒他了。回到家后，他抓耳挠腮，也写不出一个字来。

当时，常何的府上养着一位名叫马周的门客，出身贫寒却有博古通今之才，只是脾气有些古怪。他最开始是在家乡附近当一个小文官，但他胸怀凌云之志，又认为自己有经天纬地之才，所以做这种小事很不合他的胃口。有次跟上司发生冲突后，他就顺理成章地离职，远赴长安。途中到旅店投宿，因为身上银两不多，被店家看成穷酸的骗子。一天，他向店家要了一斗八升酒，独自

庙堂真相

魏徵是太子死党

魏徵和唐太宗君臣间的故事历来最为人们所津津乐道。太宗曾骂他：我早晚要杀了这个“乡巴佬”。但骂完之后更加器重他，还说：“魏徵就是我的一面镜子啊！”但你知道吗？魏徵原本是太子李建成的死党，曾多次劝太子干掉李世民。对于这位“奸党余孽”，太宗表现出了非凡的雅量。

靠在窗边豪饮。众人看他虽然一身布衣打扮，但气质非凡，不亚于那些锦衣华服的风流雅士，心中都暗暗称奇。来到长安后，马周就一直在常何的府中白吃白喝，心中对常何十分感激。

当听说常何的烦恼后，被养得白白胖胖的马周就替常何写了篇文章。马周提笔，顷刻而就。常何睁大了眼睛：“你这就写好了？”

马周胸有成竹地笑笑：“大人只管拿去给皇上，在下保证他重重有赏。”

第二天，太宗看到了这篇文章，边看边赞不绝口，只觉通篇文章洋洋洒洒、文辞秀丽，又句句切中时弊，读来有振聋发聩之感，还不等读完，就忍不住拍案叫绝。再一看署名，居然是武将常何。

太宗从常何的相貌就能看出，他根本写不出这样的文章来，于是叫来常何问话。

常何素来忠厚老实，便不加隐瞒地回道：“陛下，微臣胸无点墨，怎么会写出这么好的文章呢？实不相瞒，这篇文章是微臣府中的门客马周所写。他自幼饱读诗书，德才兼备，写文章自然不在话下。”

太宗高兴地说：“想不到你府上还有这样的人才，如果朕弃之不用，恐怕就要悔恨终生了。爱卿，不如你立刻回府把他给朕

名臣风骨

马周

马周（601—648），唐初重臣，山东人，苦孩子出身，以出色的才干和卓越的见识，深得太宗赏识，仕途一路高奏凯歌，官至宰相（中书令）、组织部部长（吏部尚书）。太宗曾经感慨：“我一会儿不见马周，心里就会想他！”当马周生病时，太宗命御厨为他做饭，命御医前去看护。马周死后，被特赐陪葬皇陵。

请来。”于是，常何领命回府。

太宗一边等人，一边又拿起案上的文章细细参详。时间过去很久，居然还没有人来报。太宗就站起来：“来人，快备好车马去常何府上把马周请来。”过了一会儿，仍然没有看见马周的人影，太宗有些着急，就派了一拨人再去请。有人见了，就在一旁说：“马周这人真够大胆的，陛下盛情邀请，他居然迟迟不来。”

太宗听了，就斥道：“古有三顾茅庐，今日朕求才若渴，好不容易遇着一位，便是多请几次又有何妨？”到了后来，他再也坐不住了，又派了一拨人去常何府上，他自己也走到殿外去张望，看看有没有人回来禀报。终于，在太宗四请之后，马周进宫面圣。

在这次的会面中，马周跟太宗相谈甚欢，第二天就被授予官职。他才能卓越，一生为国事操劳，深得太宗赏识，成了唐初历史上有名的宰相。

向历史借智慧

近水楼台先得月

我们没有看到马周这家伙的那篇文章，不过从他后来的执政能力来看，这是个不世出的人才。马周年轻时就已经有这种政治才能，却在一个城门官手下混了那么久。如果不是常何为李世民关门打狗而立下大功，又因为他自己写不出文章，马周不知道要等到何年何月才能出头。所以说，想要成功，就要有近水楼台。在老总附近住地下室也要比在郊区住别墅好。

李靖平东突厥

贞观四年（公元 630 年）正月，此时的华夏大地还处在寒风凛冽、大雪纷飞中，而大唐对东突厥的战争已经从上一年打到了现在，还远远没有结束的迹象。尽管如此，寒冷的气候还是让战事得以暂停，双方都有了休息的时间。

唐太宗派出的将领中有一个叫李靖的，他本来是国防部部长（兵部尚书），这次征讨东突厥，太宗特命他为定襄道战区司令（行军总管）领兵出征。一天，他突然从军中挑出了三千精锐骑兵，冒着严寒，准备带领部队往马邑（今山西朔县）进发。临行前，他为了鼓舞士气，就问众人："当年皇上登基没几日，突厥人就从老巢一路打到了离长安只有十里的渭水边，沿途烧杀劫掠，你们怎么看？"这些将士一听，都激愤不已："实在是有辱我大唐颜面！不提还算了，一提起来就恨不得杀几个突厥人解气。"

李靖点头称是："不错，渭水会盟简直让大唐子民都丢尽了脸，而咱们为了自保，还要每年向他们进贡大批的金银珠宝和美女，

庙堂真相

渭水之辱

626 年年底，太宗刚即位不久，东突厥的颉利可汗和突利可汗就带着大部队打过来了，一直打到长安城十里外的渭河边才停下来。这时太宗皇位还没坐热，新的政权还没渡过危险期，无奈之下，他掏空国库，送上大量财物，才求得突厥退兵。

这样的事怎么能够容忍？”

众人听了，都有些按捺不住：“将军莫要多说了。我等枉为男儿，直到今日还在此苟延残喘。现在倒不如一起冲进突厥人的地盘，便是死了也对得起家中的父老。”

“好，好！”李靖哈哈一笑，“我等的就是你们的这句话，今天我就带你们一同上路，进发恶阳岭（今山西平鲁西北），夜袭定襄城，杀突厥人个片甲不留。”他顿了顿，又正色道：“此去路途凶险，我定跟你们同生死，若有退缩，就葬身在突厥刀下！”众人欣然领命，准备就绪后，纷纷跨上战马，往定襄飞驰而去。

当他们出现在突厥人面前时，突厥以为是神兵天降。突厥的头子颉利可汗开始还不知道，就抓住身边的人问出了什么事。手下人一脸的惊惶不安，大声叫嚷：“不得了了，李靖带兵杀进来了！唐军杀过来了！”颉利可汗一听，也惊诧不已，又问：“唐军来了多少人？”

有人上前禀报：“只看到李靖带了几千人前来。”

兵将们一听，都表示不相信，说道：“唐人见到我们跟见到鬼一样，那李靖怎么可能只带几千人就来这儿？依我们看，唐军肯定倾尽全国之力打过来了！”之后，颉利可汗又多次让人去打探，

野史秘闻

侯君集有谋反之心

太宗安排李靖教侯君集兵法。侯君集向太宗告状，说李靖想造反，他教我兵法，每到高深的地方就不教了。太宗责问，李靖说：现在国家安定，所以我只教了他抵挡侵略、制服外族骚扰的兵法；但侯君集让我什么都教给他，这不是有反心吗？李靖当宰相后，侯君集为兵部尚书，两人一起办公。按规定，公衙前要下马，侯君集的马已经过了大门数步，他还没下马的意思。李靖对人说：“侯君集心不在焉，看来是就要造反了。”643年，侯君集参与太子谋反，被处死。

惶惶不可终日。

其实，李靖早在敌营中安插了间谍，此时看到时机成熟，就忙让那人去离间颉利可汗身边的人。果然，其亲信康苏密前来投降。李靖抓住这个机会，跟对方密谋了夜袭之事。入夜以后，突厥兵们都一一睡下了。这样的大冷天，唐军肯定也是无心作战的，这是突厥人一致认定的事。匆匆赶到定襄的唐军稍事整顿后，看到远方安静的突厥阵营，都压下心中的激愤，迅速实施起作战计划。

李靖领着三千人马，在很多突厥兵还在酣睡时就一举攻进了城。突厥兵被惊醒了，一时间心惊肉跳，有的甚至还没反应过来就被唐军斩杀。颉利可汗也算是身经百战的人了，此时也彻底乱了阵脚，仓皇逃出了定襄，一路跑到了今天的内蒙古北部，而定襄也落入了李靖的手中。

这件事很快就传到了长安城，唐太宗知道后龙颜大悦，夸道："昔日李陵带五千步卒就敢血战匈奴，今日李靖以三千骑兵就深入突厥军中，一举拿下定襄，真是一洗我大唐的前耻啊！"

就在这一年，大唐灭了东突厥，李靖厥功至伟。颉利可汗被押送到了长安，大唐的军威远播四方。

向历史借智慧

出来混，总是要还的

当年突厥嚣张时，可把汉人政权给整惨了。隋文帝上台后，利用突厥内部的矛盾使劲搅和，才把他们分成东西两突厥。李渊起兵时曾借东突厥兵，东突厥认为李渊好欺负，一直欺负到唐太宗李世民上台李靖出马为止。出来混，迟早要还，这是李靖用实际行动告诉东突厥的。种瓜得瓜，种豆得豆，虽然是虚无因果之说，但屡屡被验证是正确的。所以，做好事未必得好报，但做坏事一定会有恶报。

安市城之战

隋炀帝三次远征高丽，什么都没有得到。高丽倒是炫耀地把收集的隋军的尸骨筑成一座景观，这森森白骨时时提醒生者莫忘收复故土。

唐太宗时期，大唐对高丽的战争终于打响。贞观十九年（公元645年），太宗亲自带兵出征，沿途收复了辽东、白岩等地。大军一路浩浩荡荡地向安市城挺进，没想到的是，在这里受到了阻挠。当时守城的将领叫杨万春，他机智勇敢，手下的将士也是经过千锤百炼的。他们坚守城门，从不出击，唐军无奈之间，只能不断地攻城。

战争持续了两个月，这期间，唐军为了攻城之便，在城外修筑了一座土山。日复一日，这座土山离城墙只剩几丈了，城内的守军为此心慌不已。有一天，土山突然垮塌，安市城的城墙也被压垮了。两边的士兵们都震惊了，大叫着："城墙垮了，城墙垮了！"大家都纷纷跑去向自己的顶头上司汇报。

庙堂真相

文成公主和亲吐蕃

打得过就打，打不过就送礼，这是人之常情。唐初的敌人够多了，谁也不想再多一个吐蕃这样强大的敌人，所以，太宗决定送礼。641年，文成公主外嫁吐蕃（今西藏），"一桩好的婚姻，胜过十万雄兵"，从此大唐与吐蕃进入蜜月期，成为一段佳话。

高丽这边迅速做出了反应，守将们领着士兵，并鼓舞他们："将士们，趁现在唐军疏忽，我们大家一同冲出去，占了唐军的土山，尽快结束这场战事，将他们赶回老家去！"士兵们都大声应着，挥舞着刀剑冲向土山。唐军这边的守将傅伏爱却没有坚守自己的岗位，当高丽兵气势汹汹地冲过来时，唐军还不知道该怎么办。

唐军阵营慌乱了，有人大声叫嚷："守住土山，守住土山！"大家都知道这里已经成了进攻安市城的突破口，其重要性不言而喻。

高丽兵守城已经有数十天了，此时就如山洪暴发，喊杀声、刀剑声瞬间响起，每个人都杀红了眼——胜利、胜利，所有人都在追求胜利，最终，唐军因为一来没有将领指挥，二来高丽兵人多势众，渐渐不支。

高丽这边看形势越来越有利，士气更加高昂，都兴奋地边杀边喊："唐军输了，唐军输了，快滚回老家去吧！"

终于，高丽人占领了土山，开始挖长壕作守备之用。太宗很快知道了这件事，痛心疾首地叹道："我远征高丽，步步为营，唯恐自己行差踏错，蹈了隋炀帝的覆辙。现在居然错过了这般天

名臣风骨

今天受吊不受贺

太宗任用岑文本为中书令（宰相）。升官后，岑文本回到家，忧心忡忡，母亲很奇怪，说怎么升了官还这么愁眉苦脸的。岑文本说："我是文官，以前又没在战场上建过战功，也不是皇上以前的嫡系人马，现在却当了这么大的官，古人说位高责重，我是怕以后工作压力会越来越大呀，所以发愁。"有人上门来祝贺，岑文本也说："今天只受吊唁，不受祝贺。"太宗征辽，让岑文本负责军队的一切财政调度大权。岑文本尽心竭力，因为操劳过度，不幸病逝。

赐良机，还有何面目回去啊？”说着，他忙询问到底是谁擅离职守。

众人都说那里是由李道宗手下的傅伏爱负责，但当时他没有在现场。太宗一听，生气地拍着桌子喊：“把这姓傅的给我拖出去杀了！”这时又有人来报，说李道宗将军在外面请罪。

太宗带着一帮人走出去，只见李道宗光着脚，跪在军旗下。他看到太宗后连忙伏地请罪：“皇上，臣有罪啊！我大唐好不容易有今天，眼看远征高丽就要得胜，却因为微臣玩忽职守，今日一败涂地，臣就是一死也不足以谢天下啊！”

太宗走过去，正色道：“李将军的确该死！但将军不失为一个人才，杀你倒不如用你。况且这次远征高丽你也屡立战功，不如功过相抵吧。”之后，李道宗率领将士们对这座土山连续三天发起了猛烈的进攻，而杨万春带领安市城的军民坚守阵地，寸土不失。

这场打高丽的战争在秋天结束，唐军止步于安市城外再也没能前进。太宗虽然为自己的失败悔恨不已，却不由得称赞守城的将领杨万春：“高丽军中我只佩服他一人，防守的才能不逊于我大唐名将，又一心为国，实在是高丽国中不可多得的人才啊！”

野史秘闻

我的存在就是为了拍您马屁

太宗在树下休息，随口说：“这棵树真好！”宇文士及拍马屁，跟着一个劲地称赞。太宗脸孔一板，说：“魏徵经常劝我远离谄媚的人，我一直没明白是谁，常常怀疑你又不肯定，今天果然让我看清了你的面目。”宇文士及回答：“朝廷这些官员们天天跟您争论，粗脖子红脸的，惹您不开心。我要是再不能顺从您的心意，您这皇帝做得还有什么意思！”太宗一听，很高兴。

为此，他赏赐了杨万春一百匹绢。

大唐的军队终于要离开了，杨万春听说后，忙亲自登上城头相送，并行礼道谢："我虽然守住了安市城，却真心佩服陛下的带兵才能，在此遥祝您一路顺风！"唐太宗和杨万春英雄相惜的事传为了千古佳话，而这一次大唐虽然没能灭掉高丽，但也收复了不少故土，所以说，不能简单地把这次高丽之战说成是失败的。

向历史借智慧

赢得起，也要输得起

唐太宗很少打败仗，这是难得的。更难得的是，打了败仗之后，唐太宗在对手面前仍然十分有风度。很多人赢得起，却输不起。成功了保持风度很容易，失败了有没有平常心可就是问题了。人多少都应该经历点失败，培养一种正视失败的风度，唯有如此，才能成功，并且得到更大的成功。

白江村海战

龙朔三年（公元663年）八月，大唐为了攻打百济的周留城，就连海军也浩浩荡荡地开出了国门。不曾料到的是，当军队到达白江口（今韩国之锦江）后，居然与半路杀出的日本海军相遇了。

带领唐军的将领是刘仁轨，当时他已经是六十多岁的人了。他让部下去打探对方的消息，没多久就有人来回报，原来这次日本倾全国之力，动用了一千多艘战船、数万名水军，准备和大唐生死一搏。

面对突如其来的变故，刘仁轨十分镇定地问部下："我大唐从开国开始，打过的胜仗有多少了？"

部下们都笑了起来："这可数不过来。"

刘仁轨捋捋胡须，气定神闲地说："本将军老了，也数不过来了。太宗时候，李靖将军以三千轻骑深入突厥军营，王玄策将军以一人之力借来兵力击败天竺（现在的印度）大军，不知诸位是否有幸跟随左右？"将士们那个时候还没出娘胎，所以都很惭

庙堂真相

战火缘起朝鲜半岛

朝鲜半岛当时有三个政权，分别是高句丽、百济、新罗。655年，高句丽与百济联合进攻新罗，新罗向大唐朝求援。660年，唐军前往救援，活捉百济国王。于是，百济找日本帮忙，日本一出兵朝鲜半岛，唐人震怒，立即增兵朝鲜半岛。日本在陆地上得不到任何便宜，便想用海军，结果一出马，就遇到了刘仁轨这个想要立功的老头，最终船毁人亡。

愧地低下头不作声，但又很是不甘心。

刘仁轨呵呵一笑：“今日之战，是我们大家扬名的好时候。众将士听令，随我前去迎击敌人，以扬我大唐军威！”

将士们如同打了兴奋剂，各就各位，准备开战。当时唐军的战船只有一百七十多艘，士兵也只有七千多人，但当他们看到日本的一千多艘战船后却变得信心十足。原来，唐朝的造船技术十分先进，这一次出动的战船高大结实，以松木制成，性能优越，而日本那边不过是些竹木制成的小船，在唐军这些大船面前，那些小船就像发育不好的侏儒一样。

日本人也很有信心，因为他们人多船多，坚信蚂蚁可以啃大象。为了抢占先机，他们先展开冲锋。一千多艘战船一起向唐军冲来，战船相撞，日本的侏儒船就被撞碎了，日本人纷纷主动或被动地落进水中。他们一看情势不对，连忙“风紧扯乎”。唐朝和日本的这第一次交锋，还没等唐军发挥出实力，就不了了之了。

大家看着日本船狼狈逃窜的背影，都想上前追击，刘仁轨阻止说：“我也是读过几本兵法的，知道穷寇莫追这个道理。我军就在此摆阵等候吧，他们不来倒罢了，如果还出来，我们再让他

名臣风骨

出身卑下不可怕

孙伏伽和张玄素在隋朝都是小官员，到唐朝太宗时才做了高官。对于这一“底层历史”，孙伏伽毫不避讳，和别人聊起来，也不觉得羞愧。张玄素呢，则把这段经历看作“污点”，有一次被太宗皇帝问起时，满脸羞红，心情沮丧，觉得很没面子。

——出身卑下不可怕，可怕的是精神境界老长不高！

有来无回。”

日本人撤回后，就聚在一起商量对策，有人仍然坚持蚂蚁啃大象：“我军将智兵勇，不用怕他。况且我们这边有一千多艘战船，人多势众，就是用人海战术也能击退唐军。”

所有将领都认为这是最可行的方案，他们摩拳擦掌，很有点把大象绊个跟头的架势。

第二次交锋很快开始，这一次又是日军主动出击。只见船上的士兵们挥舞着大刀，叫嚷着，争先恐后地冲进唐军阵营。唐军这边从容地排列好阵形，等待对方自投罗网。果然，日军的战船很快就陷进了唐军排好的战阵中，他们想攻打唐军，又一时半会儿施展不开，想退出来又跟自己的战船相互碰撞，彻底陷入了进退两难的境地。

正当他们想要出去时，唐军船上的弓箭手点燃火箭，射向了他们。日军的战船本来就紧挨着，船又是由竹木建造的，火箭一碰到船就迅速燃烧起来，火势以迅雷不及掩耳之势蔓延开来。此刻，日军最先想到的就是保全自己，但很难保全，他们丢盔弃甲，想要跳海逃生，可海面上也是大火，所以，他们除了在船上团团

野史秘闻

不要在野猪面前耍威风

太宗打猎，一群野猪跑了出来，其中一头朝太宗的马横冲过来。吏部尚书唐俭飞身挡在前面，和野猪斗在了一起。太宗趁机拔剑砍死了野猪，然后跟唐俭吹牛：“以前我还在带兵打仗的时候，你就跟着我了，没见过我上阵杀敌的英姿吗？难不成我现在会怕一头野猪？”唐俭回答：“汉高祖刘邦以武力得天下，但不以武力治理天下。您能力超群，神武无敌，安定四方，这么有能耐，何必要跟一头野猪过不去呢？”

转之外只能引火上身，希望自己死得快一些。一些可怜的日本人在船上争先恐后地跪下大声向唐军求饶，但唐军根本听不见。最终，在唐军的注视下，日本海军全军覆没。

白江村海战唐军大获全胜。日本国内因为深恐大唐会来灭国，一边主动与其修好，一边花巨资在国内修筑了四道防线，两国的邦交重新进入了长期友好的阶段。

向历史借智慧

世界的中心在大唐

读过历史的人，没有不向往唐朝生活的，尤其是对比晚清那段被西洋鬼子和东洋鬼子联合欺负的悲惨岁月，唐朝那段光辉岁月的回忆，实在是太珍贵太让人心动了。在大唐时，中国可是真正的全世界的“中心之国”，文化上最辉煌、国力上最强盛、外交上最扬眉吐气。

第二章　红妆年代——从武则天到韦后

大唐王朝在唐太宗的治理下，顺风顺水，不料突然起来一个武则天，让人大跌眼镜！

武则天虽然是在公元690年登基称大周皇帝的，但在唐高宗中期，这位唐太宗曾经的小老婆、唐高宗的皇后，实际上已经在行使皇帝的权力了。

身为“先皇帝”太宗的嫔妃，武则天本该是在寺庙里枯守青灯佛卷，直到老死，但命运之神呕心沥血地帮助了她。当她被自作聪明的王皇后从寺庙里接回来后，只用了几个月时间，就把皇后的位置坐到了自己的屁股下。为了达到目的，她甚至杀死了自己的亲生女儿。这个女人，够狠！

唐高宗身体不好，经常头疼，很多政事的处理都由武则天来操持，宫中当时称两口子为“二圣”。唐高宗死后，武则天已大权在握，可以操控皇帝的废立，她把自己的两个儿子当成玩偶，时机一成熟，她就踢开玩偶，自己到了舞台前。千年以来，男人跪在女人裙子底下的事少有发生，所以武则天一称帝，无数的人或明或暗地对她进行攻击。武则天对付这样的人只有一招：杀。但有一点值得肯定，武则天在主持国政时，大唐这艘巨轮仍然行驶平稳。即使如此，男人仍然容不得女人做皇帝，当她年老时，李氏发动政变，把她赶下了台。

李唐王朝的厄运并没有因为武则天的下台而结束，新任皇帝中宗懦弱昏聩，皇后韦后想要成为第二个武则天，于是毒死了丈夫。

710年，李唐王室的李隆基发动政变，将韦后诛杀。历史上称这段时期为“武韦之乱”。两年后，李隆基即位，他就是历史上鼎鼎有名的唐玄宗、唐明皇。

武媚娘驯马

自“贞观之治”以来，天下承平日久，诸国纷纷臣服在大唐脚下。吐蕃知道太宗爱马，就派人给他送来了一批好马，其中有一匹叫“狮子骢”，它长得膘肥体壮，四肢强劲有力，但性情暴烈，很难驯服。

一天，太宗兴致勃勃地带着宫中的妃嫔们去看马。他指着那匹“狮子骢”说道：“朕非常喜欢这匹烈马，但它野性难去，你们当中谁能想出办法来制服它，朕重重有赏。”

娇弱的妃子们看着眼前桀骜不驯的“狮子骢”，都闭口不言。这时候，一个年轻美丽的女子站了出来，朗声道：“陛下，臣妾有办法。”

太宗看着面前神采飞扬的女子，有些好奇地问道：“你有什么办法？”

那女子笑道：“我这办法说出来也简单，只要陛下能赐我三样东西便可。”太宗看她自信满满的样子，就问她要哪三样东西。

她说：“臣妾需要铁鞭、铁锤和匕首。先用铁鞭抽它，如果

庙堂真相

一句民谣引发的血案

一句没头没脑的话在大唐舆论界迅速蹿红：“女主武王代有天下。”字面意思是：有人要取代李家的天下，而且这人和“女”和“武”有关。有这样的大事，朝廷自然紧张得很，一查，有一个叫李君羡的将军，乳名“五娘”，应了“女”字；武安（今河北）人，又应了“武”字。没的说，就是他了！648 年，李君羡以谋反罪被处死。

不服就用铁锤敲它的脑袋，还是不服的话就用匕首割断它的喉咙。”说罢，就直视太宗，眼中竟一点畏惧都没有。

太宗略感震惊，但觉得这个女子和自己的性格相似，就连声夸赞。从这以后，他对这个献计的女子留心起来。这名女子人称武媚娘，也就是后来的女皇武则天，她的坚毅勇敢赢得了太宗的欣赏，但或许也是因为这点，她在太宗身边待了十多年也只能做个才人。太宗最爱女子贤德，尤以长孙皇后为首，然而武则天跟“贤德”二字却是相去甚远。

武则天自幼聪慧灵敏，读了很多书，胆识也有过人之处。十四岁那年她就被选进宫做才人，当时她的母亲听说这件事后，非常担忧，整天以泪洗面。

武则天年纪小却很懂事，她劝慰母亲说：“母亲您有什么可担忧的？人生在世，富贵荣华都是要自己去求的。我现在入了宫，难保他日不会飞黄腾达。说起来，母亲该为我高兴才是啊。”她母亲听她这么说，心中顿时宽慰不少，也暗暗惊叹女儿的见识卓绝。

太宗晚年疾病缠身，武则天经常奉命伺候他。当时太子李治也经常去探望太宗，久而久之，他就和武则天相识并互生爱慕之意。

庙堂真相

千古一帝李世民

李世民（599—649），“世民”二字是“济世安民”之意。他是中国历史上最负盛名的皇帝之一，政治家。他在位二十三年，把唐朝治理成了繁荣和平而强大的帝国，人们睡觉不需要锁门，丢了东西也不用着急，去原地一定能找到。有一年，国家所有监狱里被判死刑的犯人才三百多人，搞得刽子手都失业了。这段美好的时光被称为“贞观之治”，它将中国传统农业社会推向鼎盛。

然而好景不长，正当他们两个浓情蜜意时，唐太宗去世，这一年是公元649年，按照当时的规定，妃子中没有子女的都要到一个叫感业寺的地方出家当尼姑，武则天也不例外。

于是，她心不甘情不愿地进了感业寺。654年，高宗去感业寺上香，遇到了这个昔日的情人。武则天见到他后，心中百感交集，对他倾诉了分别以来的思念之情，高宗看她一副带雨梨花的模样，很是动心。说来也巧，当时，高宗的后宫争斗不断，王皇后和萧淑妃都看对方不顺眼。王皇后知道高宗喜欢武则天后，为了扩大自己的战斗阵营，就把武则天招进了宫。让她没想到的是，日后正是这名女子夺了她的皇后之位，也夺了李唐的万里江山。

向历史借智慧

女人狠起来才叫真的狠

都说女人是情感动物，如果把情感比作一把宝剑，那女人就是与这把宝剑绝配的剑客！女人舞起情感这把剑来，要软，则可以软到极致，那叫柔情似水；要硬，也能硬到极致，叫最毒妇人心。女人狠起来才叫真的狠，看看武则天就知道。不过，如今也有人说了：女人不狠，地位不稳。看来男人女人都活得不容易，女人狠，也是被逼出来的。

此陛下家事

公元655年，唐高宗有意废除王皇后改立武则天为皇后，朝中的官员出于对自身利益的考虑，有的赞成，有的反对，此事闹得沸沸扬扬。其中只有一个人推三阻四，不愿意表明自己的观点，他就是李勣。

说起李勣这人，他的品行历来都为人们所称赞。

他本来姓徐，叫徐世勣，就是《说唐演义》中能掐会算的军师徐茂公的原型。高祖李渊要表扬他的功劳和德行，就赐他"李"姓，李世民上台后，又避"世"字，改成李勣。李勣在历史上是出了名的重情重义之人。早在李世民还没当上皇帝的时候，有一次，李世民奉李渊之命去洛阳攻打王世充，遇到了一个叫单雄信的将领。

单雄信勇武过人，跟李勣的关系很好。他在和唐军作战时，单枪匹马地冲进重围，杀了很多唐军，但因为势单力薄，最终被李世民所擒，还将他列入了要处决的将领名单中。

庙堂真相

武则天也是开国功臣之后

武则天的父亲武士彟是太原的一个富商，李渊担任太原防卫司令时与当地富豪交结，武士彟就是其中之一。据说，二人经常在一起讨论天下大事，武士彟还劝说李渊造反。李渊建唐后，武士彟曾做到工程部部长（工部尚书）一职，死的时候，李渊哭了好几天。

李勣知道后，就到李世民处去为他求情。他跪在地上苦苦哀求："秦王，我愿用自己的家财爵位换取我这位兄弟的一条性命，还望您成全。"

李世民本来也是爱才之人，对此感到左右为难，但最终并没答应他的请求。李世民说："单雄信这个人的确不失为一名勇将，若是有心投靠我，我肯定是非常高兴的。而他的忠义也让我非常钦佩，但也正是这点害了他啊！他对王世充忠义，对我就是威胁。我今天放了他，将来他必定会为主报仇的。"

李勣知道他说得有理，也不好再说什么了，于是来到牢里探望单雄信。单雄信知道自己难逃一死后，心中有些怨愤，就说："我就知道你这人成不了事。"

李勣听了，痛哭不止，最后竟然抽出一把刀，从自己的腿上割下一块肉递给单雄信，说："小弟无能，今天救不了大哥。本来应该和大哥共赴黄泉谢罪的，但我一死，就没人照顾大哥的家人了。我现在割下这块肉献给您，在此起誓，小弟有生之年一定善待大哥的家人，百年之后就去向您请罪。"单雄信死了，而李勣也信守诺言，一直尽力地照顾他的家人。

野史秘闻

干了坏事，天下人会记得

太宗想看史臣们在《起居注》里有没有说自己的坏话。褚遂良拒绝："自古以来，皇帝说过的话和做过的事，好的坏的都要记，就是告诫人主，督使他们不要做不合法的事，我可从来没有听说哪位皇帝追着要看这本书的。"太宗瞪眼："我有不好的言行，你真的都要记下来？"褚遂良正气凛然地回答："我的职责，就是要把您的一举一动都记下来！"大臣刘洎更是火上浇油，威胁说："就算褚大人不记，天下的人也都会记下来的！"

前面说到高宗想改立皇后的事，大臣中只有李勣一个人没有提出意见。李勣作为开国功臣之一，特别是在军中，威望极高，说话的分量可想而知。有一天，高宗召见李勣，问道：“朕想立武昭仪为皇后，可是朝中有人反对，不知道卿家怎么看呢？”

李勣想了想，回道：“这是陛下的家事，何必要问臣这个外人呢？”他的一句话点醒了本来左右为难的唐高宗，是啊，这立后的事本来就可大可小。往大了说，这关系到国家安危；往小了说，这其实就是皇上的家务事。现在朝中这么多人反对，倒不如化大事为小事。况且李勣虽然没明说，但至少表明了他在立武后这件事上是不持反对态度的。高宗想到这里就放心下来了。

“李卿家所言的确很有道理。”高宗不由得赞赏道。这一句话打破了朝中多日来的僵局，也间接促成了武则天往皇权的道路上迈进了一大步，就在这一年她坐上了皇后之位。

向历史借智慧

公私不分迟早要吃大亏

从前的皇帝多数时候都是公私不分的，领导的家事也是大事，家里一起火，整个朝廷都会跟着遭殃。但到了现代，比如，一个公司的老板公私不分，把家当公司，这样的公司肯定走不远、长不壮；或者一个员工，公私不分，把公司的钱当自己的钱，那是犯罪，把自己的钱当公司的钱，同事、家人骂你傻，公司老板表面上夸赞你两句，心里面则在怀疑你有没有揩公司的油。所以公就是公，私就是私，搅在一起不好。

请君入瓮

女皇武则天为了巩固自己的统治，排除异己，在统治期间，不仅设立了严刑峻法，还在朝中任用一批酷吏，以期让朝中的大臣们都闭上嘴巴，老实为她效力。当时她身边有两个极品酷吏，一个叫周兴，一个叫来俊臣。在酷刑和诱导之下，两人在审案上很少失手。倘若让两人来一次大比拼，不知谁胜谁负。

很幸运，历史让我们的假设成为现实。

有一次，武则天收到一封告密信，居然是告发周兴暗中跟人勾结谋反的。武则天非常生气，就把来俊臣传唤过来，说："有人告周兴谋反，朕知道你平日忠心耿耿，所以现在派你去彻查此事，你一定要尽快给朕一个答复。"

来俊臣领命后，就开始寻思如何审周兴。他想：周兴这个人我最清楚了，他原本就是一个奸诈狡猾之徒，我本来就不一定斗得过他。况且他平日跟我交情不浅，如果我查不出什么来的话，肯定没办法给皇帝交差，应该怎么办呢？

庙堂真相

宫里的狠婆娘

如果说武则天初回宫时，地位还不稳，所以扼杀了自己的亲生女儿来嫁祸竞争对手，还似乎有点道理。那么，大权在握后的一连串伤害亲生子女的行为，就很不好理解了：675 年，毒死大儿子李弘；680 年，废次子李贤为平民；683 年，儿子李哲即皇位，第二年又被废；新上台的儿子李旦，木偶皇帝没当几年，于 690 年，再被废。

于是有一天，他在自己府中备了一桌好酒好菜后，就把周兴请过来，说是要聚聚。周兴不疑，很爽快地答应了。席间，来俊臣对他很是殷勤，又是劝他喝酒，又是给他夹菜，周兴喜笑颜开。

两个人边吃边聊，等到酒过三巡，来俊臣就敛起笑容，故意叹了一口气，皱着眉说："在朝中当差真是不容易呀！"

周兴见他面露愁苦，就问他是因为什么事烦恼。来俊臣回答说："周兄不知呀，我最近审问犯人，无论怎么严刑逼供，也总有一两个不认罪的。我实在担心在皇上面前没法交差，所以一直都为此苦恼。"

周兴一听，嘿嘿笑道："原来是为这种小事。这些人就是平日里欠收拾，今天你算是找对人了，我这里就有一个好办法，保证你百试不爽。"

来俊臣见状，连忙又劝他喝酒吃菜，颇为诚恳地向他讨教："我就知道周兄对此一直很有研究，今日果然没找错人，您要教教小弟才好。"

周兴看他一副诚恳好学的样子，就倾囊相授："这再简单不过了。用炭火把一个大瓮烤热，再将犯人扔到里面去，瓮中炙热

庙堂真相

武则天训话

武则天准备做女皇前，大做官员们的思想工作，向大臣们训话：裴炎，顾命元老，倔强难制，跟我过不去，我把他杀了；徐敬业，将门贵种，招兵买马，造我的反，我把他杀了；程务梃，手握重兵，战无不胜，我也把他杀了。你们当中如果有谁觉得自己比这三个人还厉害，你就厉害给我看；不然，就乖乖地听我的话、跟我走，免得出了事让天下人笑话！

灼人，相信没人能受得了。”

来俊臣连声称谢，拉着周兴一同坐好，说要试验一下。周兴欣然应允，直说要与他一同看看。于是来俊臣吩咐下人们找来一口大瓮，又在瓮的四周堆满柴火点燃。没多久，大瓮就被火烧得通红。

来俊臣眼看时机成熟，就突然站起身来，一改先前的殷勤模样，指着周兴阴笑道："周兄，本官今日要办的就是你。有人告你谋反，皇上要我彻查此事，你可愿意从实招来？如果有半句虚言，就请您自己进这瓮中吧。”

周兴一听，吓得腿都软了，是否有罪已不重要，别人说你有罪才重要。周兴万万料不到，自己想出来的酷刑反而害了自己，这跟作茧自缚有什么区别？而来俊臣用以其人之道还治其人之身的办法来惩治他，其中的残忍与周兴相比，真是不相上下呀。

向历史借智慧

三百六十行，行行出状元

无论做什么事，都要有点专业精神，专业精神是一个人在某个岗位上搞出创新、做出成绩的决定因素。这个道理，不管是放在从前当酷吏这件事上，还是放在今天做一个普通打工者、生产流水线上的一个螺丝钉身上，都是适用的。还是老话说得对，三百六十行，行行出状元——只要你自己肯努力、肯钻研！

狄仁杰解梦

武则天自从做上皇帝后，就有个问题一直困扰着她，那就是百年之后该把皇位传给谁。这是个只有女皇帝才有的问题，她不知道是该传给自己的儿子（李家人），还是该传给家族的人（武家人）。

当时的宰相狄仁杰德才兼备，深受武则天青睐。

有一天，武则天召见他，在跟他谈话时说到了将来让谁继承皇位的事情。

狄仁杰恭敬地对她说："陛下从十四岁就入了宫，中间历经了很多波折才当上皇后。后来高宗皇帝身体不好，您又一直尽心尽力地辅佐他，到现在终于做了九五之尊，微臣每每想到这些，就觉得您这一路走来真是不容易呀。"

武则天听他提到这些旧事，心中也很感慨，就说："是呀，朕能有今天的确来之不易。武家的人也是因为朕才能平步青云哪。"

狄仁杰听她提到武家，知道她话中有话，就点头称是："不错，武家多亏了陛下的福气才有今天，他们对陛下自然是感恩戴德的。

名臣风骨

神探狄仁杰

《狄公案》把狄仁杰塑造成了唐朝版的"福尔摩斯"，实际上，狄仁杰不是神探，但是个优秀的法官。在武则天统治时期，他担任国家最高司法职务，在一年时间内判决积案、疑案，纠正冤案、错案、假案几千件，涉及近两万人，其中没有一人再上诉申冤，其处事公正可见一斑，是我国历史上以廉洁勤政著称的清官。700 年，狄仁杰病故，武则天在朝廷上当着百官的面哭起来："狄仁杰不在，这朝堂就空啦！"

说起来，这李家最初也不过是门阀士族，多亏出了一个太宗皇帝，在乱世中劝说父亲起兵，又亲自带领一帮将士南征北讨，历经数年才夺得天下，让老百姓过上了太平日子。”

武则天意味深长地看了他一眼，笑道：“朕跟你聊武家，狄爱卿倒提起李家了。”

狄仁杰忙对她行了一礼，又说：“臣并没有其他意思，只是想到高宗皇帝才提及的，其实高宗皇帝之所以能成为九五之尊，也是因为太宗皇帝呀。自古以来，君王都会传位给自己的儿子，这也是不想让自己辛苦守住的江山落入他人之手哇。”

“爱卿可别忘了，朕姓武哇。”武则天冷笑道。

“微臣不敢忘，”狄仁杰躬着身回道，“只是陛下，您觉得这姑侄和母子之间，哪一个的关系更亲近些呢？何况臣饱读诗书，从来只见过皇帝百年之后，他的儿子会把他的牌位放到太庙去供奉，但从来没见过有人当上皇帝后，把自己的姑姑供奉在太庙这种事。”

武则天听他说完后就愣住了，很久都没有说话。狄仁杰看见她沉思的表情，深知自己的话起了作用。

但武则天并没有因为他的劝说就决定将皇位传给自己的儿子，

野史秘闻

耻事女皇

武则天时，重用狄仁杰做宰相，这天，狄仁杰去拜访堂姨，正在屋里坐着，表弟从外面打猎回来，见到做了宰相的狄表哥，只轻轻作揖，很有点看不上的意思。狄仁杰觉得不爽，就在姨家兄弟面前显摆说：“我现在是宰相了，表弟你想要什么呀，我可以帮你。”堂姨在一边搭话说：“我就这么一个儿子，我可不想让他去侍候一个女人！”

她仍然游移不定。

又有一次，武则天跟他说："朕昨晚做了一个梦，梦里看到一只被折断双翼的鹦鹉，朕醒来后仍然记忆犹新，爱卿知道这是什么意思吗？"

狄仁杰一听，心生一计，于是回答道："鹦鹉，武也，这象征着陛下的姓，这双翼恐怕就象征着陛下的两个儿子吧。鹦鹉本来应该翱翔于天际，但它的双翼都被折断了，还谈什么高飞呢？陛下，这是上天要让您重新重用两个儿子的意思呀，只有添上这双翼，您才能一飞冲天！"

武则天深受触动，虽然还存有疑虑，但心中的天平已倾向儿子。其实关于狄仁杰解梦还有另外一个说法：据说武则天做梦时，梦见自己跟人玩当时流行的一种纸牌游戏——双陆，怎么打都赢不了。狄仁杰就告诉她是因为她打牌时手中无子才会输。现实中无子，而梦中当然也无子，子都没有还怎么跟人一较高下呢？

这则狄仁杰解梦的故事有几种版本，但意思大同小异，目的都是在为李家的人说好话，武则天后来迟迟不肯立武家的人为继承人，跟狄仁杰的一番话还是有一定关系的。

向历史借智慧

富贵人家的烦恼你不懂

白天不懂夜的黑，咱们平头百姓虽然也知道"家家有本难念的经"这个道理，但确实想象不出来，这武皇帝家里难念的经竟然是这么古怪！到底儿子亲还是侄子亲？答案当然没的说，儿子是母亲身上掉下的肉，侄子再亲也是外人。但武则天的麻烦在于，承认儿子亲，自己这几十年的辛苦岂不全白费了？这可真是纠结。这个故事告诉我们：别以为那些有钱人和有权人就比我们幸福，呵呵，他们的烦恼你不懂的！

神龙政变

神龙元年（公元705年）正月二十日，已卧病在床二十天的大周皇帝武则天被一阵吵闹声惊醒。此时，她虽然已经八十一岁，但反应并不慢。她知道有事发生，立即招呼侍奉在旁的张易之与张昌宗兄弟俩。但两人并没有回答她，代替这两个忠实门徒的是一大批士兵，为首一人就是当朝宰相张柬之。

武则天平静地问道："谁在作乱？"

张柬之向前："是张易之、张昌宗谋反，臣等奉太子之命，已将其诛杀。因事前怕走漏风声，所以未向陛下奏闻。"说完，他就偷偷看了一眼躺在床上的武则天，武则天虽然还喘气，但跟死了差不多。

张柬之补充了一句："臣等在宫中用兵，真是罪该万死。"

武则天连一死都不能赏赐给他，她睁开眼看到了向来懦弱的太子李显，半惊讶半讥讽地笑道："是你小子呀！"

李显面无人色。他根本就不想来，即使她母亲已经只剩一口

名臣风骨

张柬之八十岁做宰相

武则天让狄仁杰推荐人才。狄仁杰推荐了张柬之，说他虽然年纪大了一点，却是真正的宰相人选。武则天就提拔张柬之做了洛州长官。过了几天，又让狄仁杰推荐人才。狄仁杰说："我上次推荐的张柬之，您还没重用呢。"武则天说已经提拔了呀，狄仁杰摇摇头，说："我推荐的是宰相人才，您用他做地方官，这哪里算得上重用呢？"于是再升张柬之为刑部侍郎。后来，武则天让姚崇推荐人才，姚崇也推荐了张柬之。这样，张柬之终于在八十高龄做上宰相。

气，但在他心中还是一只猫，而他是老鼠。所以在这之前，张柬之派人去东宫迎他。他吓得浑身发抖。他的女婿劝他：“这个时候不能怕！您受这委屈已经二十三年了，天下人为您抱不平也已经二十三年了。今天，御林军和宰相们同心协力，把张易之兄弟俩已经干掉了，李唐社稷恢复在即。您老可要挺住哇！”

李显结巴起来：“二张实在可灭，可是皇上身体不好，不要惊吓了她。请众位暂且停止行动，日后再举。”

前来迎接他的前任宰相李义府的儿子李湛实在听不下去了，无论如何，李氏家族出了这样一个窝囊废，让任何人都无法平息怒气。他说：“诸将把命都拿出来保卫国家，殿下却想让大家白白送死。难道日后，皇上的病就能好吗？如果您坚决不做，还是您自己跟将士们说去吧。”

李显见箭已在弦上，不得不发，这才出来。被他女婿强行抱上马，到了玄武门，斩关而入。武则天能在床前见到这个站在造反人士中的窝囊儿子，实在不是一件容易的事。

当李显还在母亲的床前哆嗦时，武则天淡淡地对他说：“既然两个小子（二张兄弟）已经死了，你就回东宫吧。”

野史秘闻

别惹宰相

薛怀义是武则天最宠幸的面首之一，朝中大臣都纷纷巴结他，王爷公主都得让他几分。一天，在朝堂上，薛怀义遇见宰相苏良嗣，对苏宰相表现出不礼貌，苏良嗣大怒，命左右随从把薛怀义拖过来，就是一顿耳光饱打。薛怀义可是很久没受过这么大的委屈了，跑去向武则天哭诉，武则天温柔地说：南门是宰相们上下班走的地方，你以后就走北门好了！别去惹他们。

李显如同得了大赦令，转身就要跑。同来的司刑少卿桓彦范揪住他，对武则天说：“太子怎么能再回东宫呢？先帝把爱子托给陛下，他现在年纪已经一大把，却还在当他的太子。您难道不知道吗？当今天意民心都在思念唐朝。群臣不忘太宗、先帝之德，所以才奉了太子之命诛杀贼臣。希望陛下传位给太子，以上顺天意，下遂民愿！”

武则天想死的心都有了。这么多年来，她时刻在防备李氏反击，为了笼络众臣，她可谓用尽千方百计，但还是在有生之年看到了自己最不愿看到的事情。

当她看到李湛时，更是心如刀绞，她看着李湛说：“想不到你也背叛朕。过去我待你们父子可不薄哇！”

她说的是实情。所以，李湛惭愧地低下了头。武则天不管他，又把眼睛看向了宰相崔玄暐。她笑了：“他人都是由别人推荐上来的，你却是朕亲自提拔上来的，竟也参加这种事！”

崔玄暐的嘴上功夫要远比李湛高：“臣下这就是为了报答陛下的大恩大德呀！”

此人不知是安了什么心，大概是想把武则天气死。但武则天

野史秘闻

快活一天是一天

张昌仪是张宗昌、张易之的兄弟，沾兄弟的光也过上了好日子。张昌仪新建了一座豪宅，有人夜里在他家门上贴了一条标语：“一日丝能作几日络？”“丝”谐音“死”，“络”谐音“乐”，意思是都快要死了，还能快活几天呢！张昌仪抓不到人，只得打发人把标语擦掉。但白天擦掉了，到了晚上又被人写了上去。这样反复几次，张昌仪发怒了，这回他不再擦掉标语，而是在标语旁边自己补上几个字：一日亦足！——能快活一天是一天，你能怎么着我！

不中计，慢慢地把眼睛闭上，她的时代结束了。她感觉到了从来没有过的疲倦。

几天后，武则天下诏让位，李显登基，即唐中宗。她自己退到皇太后的椅子上去了，这是一年的开始，也是武则天时代的结束。

向历史借智慧

再强的女皇也扛不过命

一代女强人武则天，既没扛过朝廷大臣和李氏子孙对大唐朝的“怀念”，更没扛过生老病死。为了让江山姓武，武则天大杀李氏子孙，全力扶持武家人，但到底还是不能成功，她甚至还让李显改姓武，可谓费尽心机。中国是男权社会，武则天的悲剧就在于，她不能或者是不愿意认清自己的身份，而始终与社会的主流价值观逆势而行，结果就是费力多、收效小。所以说，做事不能“昧于大势”，逆水行舟永远不如顺水行舟来得轻松和容易有收获。

中宗之死

公元705年，唐中宗李显在张柬之等人的簇拥下，又一次坐上了大唐皇帝的位子，妻子韦氏自然就成了皇后。

一天，韦后提出想陪中宗临朝听政，中宗当时就吓得哆嗦了一下，阻止道："这不太好吧。朝中那些大臣好不容易才让我母后退位，你现在去插一脚，会有很多人反对的。"

韦后冷笑了一声，嗤道："别人我是管不着，不过，皇上您曾经答应过我，有朝一日重登帝位，会对我好，会事事顺着我，您不会是想做言而无信之人吧？"中宗当初被武则天赶下台过着苦日子时，的确这样说过。所以，这会儿他无话可说。

韦后见他无言以对，又接着吹耳边风："皇上怎么不想想，朝中的大臣再大能大过你吗？你爷爷太宗皇帝时候，朝臣哪个不是厉害的？最后不也没斗过你父皇和母后吗？你母后都能当皇帝了，我只是守在你身边尝尝听政的滋味，能出什么大事？"

中宗本来就是个软弱无能的人，在韦后面前总是唯命是从，

庙堂真相

恶人武三思

武三思有他姑姑武则天的狠劲，武则天死后，他和韦后勾搭上，狼狈为奸，给中宗皇帝大戴绿帽子。706年，他把"神龙政变"中的五位功臣（受封"五王"）以谋反罪一一杀掉，算是为姑姑报了仇。武三思宣称：谁对我好就是好人，谁对我坏就是坏人。第二年，太子李重俊反，杀掉武三思。

最后就草率答应了这件事。从那以后，大明宫的朝堂上又重新出现了帝后一起听政的场面。人的欲望是无止境的，得陇望蜀，韦后得了好处后并没消停点，反而更加肆无忌惮。她不仅背着中宗恣意淫乐，还纵容女儿安乐公主骄横任性，这位公主一直想当“皇太女”，继承帝位。一时间，中宗身边两个最亲近的女子权倾朝野。

这自然引起了朝中大臣们的不满，武则天刚死，大家还没过几天安生日子，谁料又来了对韦后母女！

有一个叫燕钦融的官员在面见中宗时进言：“皇上，现在朝廷中乌烟瘴气。皇后乱政，您的女儿安乐公主也伙同别人危害社稷，您应该严加惩罚，不能再纵容下去了。”他边说边以头磕地，磕得地板咚咚作响。

见中宗没反应，他就跪在地上悲愤地说：“韦后无德无才，淫乱后宫。安乐公主本来是有夫之妇，居然也荒淫无度，这样的女子怎么能做天下人的典范？况且她们二人还篡夺陛下的权势，把持朝政。皇上，长此以往，微臣恐怕您自身难保哇！”

中宗在一旁听了，只站着发愣，半天都没说一句话。燕钦融看自己的进言根本没有效果，只好垂头丧气地告退了。谁知他刚

野史秘闻

“六味帝皇丸”

唐中宗李显是唐高宗和武则天的儿子。他不仅自己是皇帝，父亲是皇帝，弟弟是皇帝（睿宗），儿子是皇帝，侄子是皇帝（玄宗），更强的是，母亲也是皇帝。人称“六味（位）帝皇丸”。可惜这位前无古人、后无来者的皇帝，却窝囊一生，被母欺、被妻欺、被女欺。

走出朝门，韦后身边有个叫宗楚客的，就派人把他抓过来，扭着送到中宗身边。宗楚客喊："皇上，叛贼燕钦融被抓回来了！"

中宗看见后，刚要上前阻止，那几个侍卫已经不由分说地折断燕钦融的颈项，将他摔死在大殿的庭石上，鲜红的血瞬间溅了一地，中宗被惊得连退数步。这件事发生后，宗楚客赶紧去韦后那里请功，又告诉韦后，说皇帝不会真要对您下手吧。安乐公主也跑来，找母亲商量对策。韦后哈哈笑道："担心什么？你父皇那软脚虾怎会是我们的对手？放心吧，有朝一日本后做了女皇帝，你就是皇太女！"安乐公主听得笑逐颜开。

710 年的一天，韦后亲自下厨为中宗做饼。饼做好后，让宫女送去给中宗品尝。中宗当时正在神龙殿批阅奏章，看到宫女送来的饼，非常高兴。他边吃边赞道："皇后做饼的手艺真是一绝。"因为饼的味道很好，他还一连吃了好几个。

片刻之后，他突然觉得腹痛如绞，坐立难安。没多久，他便痛得满头大汗，话也说不出来了，只能躺在榻上打滚。侍从们见了，吓得连忙去告诉韦后。韦后也不着急，只慢慢地走向神龙殿。等看到中宗后，她才微微皱着眉，上前询问他怎么了。中宗一只手

庙堂真相

和事天子

御史崔琬，控告兵部尚书宗楚客里通外国，受人财货，致使边境发生战争。按道理，大臣被提起指控，应当低头哈腰走到朝堂外面去，等候皇上处理；但宗楚客愤然而起，怒形于色，在皇帝面前为自己争辩，并反告崔琬诬陷他。作为最高仲裁人，中宗皇帝的做法出人意料：他并没有追究事情真相，而是命原告被告双方结为兄弟，以达成和解。时人称为"和事天子"。

紧抓着她的衣袖，一只手指着自己的肚子，死死地盯着她，发出痛苦的呻吟，却一个字都说不出来。又过了一会儿，他双腿一蹬，闭上眼睛，就再也没有知觉了。

中宗死后，韦后等人推太子李重茂即位，她终于如愿以偿，开始独揽朝政。

向历史借智慧

欲望是把双刃剑

人类的很多发明，其深层动机都是人的欲望：想种地轻松些，就发明了牛拉犁；想走得远，就发明了车；想吃得好些，就发明了各种烹调工具和调味品……欲望使人进步，也使人受伤害，这回受到致命伤害的，就是韦后和她的宝贝女儿安乐公主，一个想当皇帝，一个想当皇太女（未来的皇帝），这种过高过大的欲望令她们疯狂，疯狂又令她们走向毁灭。切记：欲望是把双刃剑，合理使用可以促使人奋发向上；而过度使用，则会身心俱伤。

青年王爷李隆基

公元 710 年，韦后摄政一事引起了很多人的不满，其中就包括一位青年王爷李隆基。一天，李隆基召集手下的几个心腹，商量除掉韦后的事。

他说："诸位，我大唐自开国以来就一直是民心所向，这百年中人民安居乐业，四方来朝，试问我大唐的声威有哪一个朝代能够比拟？但如今韦后篡权，在朝中恣意妄为，祸乱朝纲。再这样下去，我大唐的江山恐怕不保了。"

众人都回道："王爷所言甚是，现在朝中局势乱成一团，您不如带着我们登高一呼，铲除韦后等人，这才是人心所向啊。"

"本王就是有此打算才找你们来商量对策的。现在看大家都是一条心，本王非常高兴。大家有什么意见不如说出来，好一起讨论。"

众人议论纷纷，都开始出谋划策。其中有人就提议："王爷找我们来策划这次行动，我们都很开心。但我们在朝中势单力薄，

社会风情

太平公主的感慨

宗楚客是武则天的远房亲戚，做过宰相，后来韦后当权，他又是韦后身边的大红人。有一年，宗楚客因犯事被流放，太平公主到他家来看。太平是皇宫里长大、见过大场面的人，不料看过宗家豪宅之后，大发感慨："看宗楚客家里这站的地方坐的地方，真觉得我这几十年，都是虚生浪死、白活了一场啊！"

就是举事恐怕也没什么人响应，我现在倒是有一个很好的人选，王爷不如找她帮忙。”

李隆基沉思片刻，就了然了，笑笑：“可是我的姑姑太平公主？”

那人欣然点头：“王爷英明。您这位姑姑从小就集万千宠爱于一身，又随武后参政多年，为人机敏，在朝中很有影响力，不少大臣都要给她几分薄面。况且她素来和韦后等人不和，如果您去找她，她一定会同意的。”

后来，李隆基就带上厚礼，去公主府拜访。太平公主召见了他，与他闲聊起来。

李隆基说：“姑姑如今在朝中怕是不比当年了吧？”

公主一挑眉，问道：“临淄王这话是什么意思？”

“呵呵，”李隆基目光平和，淡淡地笑着，“韦后和安乐公主一直都看不惯姑姑，现在好不容易把持了朝政，难道还能容下您吗？这日子一长，朝中怕是没几人记得您了，到时您是死是活，唉，只怕都无人问津了。”说完，他还叹息着摇摇头。

只听啪的一声，太平公主拍案而起，怒道：“你小子今天是

名臣风骨

百姓没过上好日子，宰相不敢请吃请喝

中宗后期，每当高级官员任命时，新当选的官员，按规矩都要请大家吃喝玩乐一番，称为“烧尾”。苏瑰新当上宰相，拒绝搞这一套。这下，得罪了不少人，大臣宗晋卿当着皇帝的面向苏瑰发难，说：“苏大人您当上宰相，却不请同僚们庆祝一下，难道是您觉得当了宰相不值得高兴吗？”苏瑰回答说：“我听说宰相的职责是协助皇上把国家治理好，但现在米价飞涨，不但百姓们吃不饱，就连宫中卫士都有三天没吃饭的，这些都是我的失职呀，所以不敢庆祝。”

来胡言乱语的吗？如果是的话，就快快滚出去！”

“姑姑莫生气，”李隆基忙起身赔礼，“侄儿也是为您着想才说这话的。如今韦氏大有取代我李家之意，如果真让他们得逞，到时别说我这小小的临淄王了，就连姑姑也是自身难保哇。”

太平公主心中一凛，好半晌才又缓缓坐下，笑了起来：“说吧，今天你找本公主到底是何事？”

李隆基又对她行了一礼，正色道：“共诛韦氏，还我李家天下。”

“可是你父亲的意思？”太平公主问道。

李隆基摇头否认：“此事就侄儿一人，我父亲并不知情。如果此事成了，就是我李唐之幸；如果败了，我一人殉国，与父亲无关。”

“好，好——”太平公主莫测高深地看了他一眼，“我李家总算出了你这么一个人才，将来飞黄腾达，莫忘了我这个姑姑才好哇。”

事后，太平公主全力协助李隆基，还派了自己的儿子薛崇简做他的助手。一天深夜，李隆基率兵攻入玄武门，一路过关斩将，冲入后宫。最终，韦后、安乐公主等人连逃跑都来不及，就死在

野史秘闻

李隆基的骄傲

李隆基还是临淄王的时候，从外地回京师，非常谦逊、低调。一次，一群贵家子弟在昆明池边游玩，李隆基穿得像个小军官，那些人看他不顺眼，就提议，大家都自报家门吧，想以此来羞辱羞辱这个年轻人。等到大家报完家门，李隆基大声说：“我们家，曾祖父是皇帝，祖父是皇帝，父亲是相王，我是临淄王！”说完，连喝三大杯，骑马而去。

了乱刀之下。

祸害既除，自然是新人当政，李隆基的父亲李旦即位，是为唐睿宗。但从武则天时期以来就习惯了担惊受怕的李旦，坐得稳这烫手的皇位吗？大明宫中的另一场政变又在悄悄酝酿着……

向历史借智慧

没有金刚钻，别揽瓷器活儿

韦后毒死老公唐中宗，和李隆基政变砍死韦后，两件事的发生是同一年，不过就是前后脚。皇帝不是谁都能当的，何况女皇帝。武则天苦心经营了十年，才得一个并称“二圣”的荣誉；又过了十年，只称“天后”；又过了十多年，才敢称皇帝。相比之下，韦后就显得太无知无畏了。老话说，有多大的能力，就拿多大的碗吃饭，如果能力小却偏要拿个大碗，那必然会累着自己。韦后就是不懂得这个道理。

第三章　天上人间——唐玄宗的辉煌与迟暮

李氏皇族这一支，经过武、韦两代女后的摧残，早已零落不堪，直到出现李隆基这位青年王爷。公元 710 年的“神龙政变”让代表新希望的新生代李隆基登上政治舞台，不久后，政变的两支主要力量李隆基和太平公主再起冲突。712 年，李隆基的父亲睿宗退位，年轻的李隆基登上皇位，是为唐玄宗。713 年，玄宗先发制人，太平公主自杀。

唐玄宗在执政前期英明神武，把唐帝国再推向高潮，创造出“开元盛世”。但危机已在潜伏，玄宗跟太宗一样喜欢开边，但他的功绩远不如其祖宗。他的智慧随着年龄的增长而枯萎，他宠爱杨贵妃，重用外戚杨国忠和奸相李林甫，并最终酿成“安史之乱”。马嵬坡兵变后，已经老去的唐玄宗不仅美人不能保，就是江山，也开始摇摇欲坠……

从天上到人间，这是唐玄宗个人从辉煌到迟暮的历史，也是整个大唐王朝从辉煌到迟暮的开始。

侄儿杀姑姑

唐睿宗能再把屁股坐到龙椅上，三儿子李隆基和妹妹太平公主功劳最大。所以一登基，李隆基就被封为太子，同时太平公主被授参政之权。唐睿宗之所以这样安排，恐怕也是知道自己实力不足，想要李隆基和太平公主互相平衡，自己可以作壁上观。然而，事与愿违。

不久后，他发现李隆基占了上风。于是，他秘密召见了一个叫韦安石的大臣，询问道："朕能登上皇位离不开太子和公主的功劳，但是我看他们二人多有嫌隙，是不是大臣们都有心站在太子一边呢？"韦安石立刻反驳道："陛下多虑了。您之所以有这想法，恐怕是因为公主在您面前说了什么吧。"

他不等睿宗说话，又抢先说道："陛下，公主骄奢淫逸，现在朝中的官员又大半是她的党羽，这分明就是有夺权之嫌。而太子势单力薄，才是真正处在危险当中的人哪。"韦安石不知道的是，此刻太平公主就藏在帘中，听到了这些话，她当场就恨得咬牙切齿，

庙堂真相

唐睿宗三上三下

武则天的几个儿子都命苦，尤以中宗李显和睿宗李旦活得最窝心。李旦是她最小的儿子，他一生有三上三下：684 年，接替兄长李显做了皇帝，不过，武后说了，皇帝不能过问政事；698 年，武后干脆说，李旦你逊位，重新立李显为太子；710 年，儿子李隆基搞政变，把李旦重新送上皇位，两年后，李旦退居太上皇。

心道这家伙不过是个传话的，自己真正的对手还是李隆基呀。

她心中最敬佩的人恐怕就是母亲武则天了，所以在睿宗上台后，她慢慢暴露了自己的野心，而太子李隆基同样不甘落后，这两人的明争暗斗至此愈演愈烈。

太平公主为了赶侄儿下台，还跑去找睿宗的长子李成器。其实睿宗在第一次当皇帝时，所立的太子是李成器。只是后来睿宗下台，太子自然也保不住了。

现在老爸重新坐上龙椅，三弟李隆基立了大功，李成器就主动提出让位。也正因为这样，李隆基才能顺利当上太子。

太平公主一见到李成器，就大骂他愚蠢至极，说这太子之位怎么能说让就让，还斥责他："现在是太子，将来就是大唐江山的主子，你难道不想当这天下人的主子吗？"

李成器在一旁听了，闷不吭声。太平公主一时猜不透，就又说："你现在如果想要回太子之位也不是不可能。只要你一句话，姑姑我一定帮你到底。"这话说得已经够明显了，她是要李成器和自己站在一条战线上，共同对付李隆基。

然而在这么诱人的利益面前，李成器最终并没有答应要夺位

名臣风骨

功臣郭元振

没有郭元振（656—713），李隆基对太平派的剿杀不容易成功。郭元振是唐朝名将，吐蕃人在他面前温顺得像绵羊，契丹人听到他的名字就浑身战栗。他十八岁举进士，可谓文武兼备。太平派垮台后，他被封为代国公兼宰相，并拥有重兵。但这只是暂时的，很快，李隆基就"卸磨杀驴"，把他贬为饶州司马，在赴任路上，他因抑郁而病死。

的事。在他看来，弟弟的才干不知比自己强多少倍，就算重新做太子，在治理江山上还是要差他一大截。既然如此，又何必给自己添堵呢？

太平公主和李成器的统一战线没有结成，但作为一个优秀的政治家，她是不会轻易放弃的。接下来，她又把朝中的宰相召集起来，想让他们一同起来反对李隆基。她千算万算，却没算到这些人内心的真实想法，他们早就默认了李隆基是未来的天下之主，毕竟曾被一个女人管着已经够闹心了，再来一个女人恐怕都会吃不消。

宰相宋璟当时就站起来强烈反对：“皇帝现在之所以能稳坐江山，太子出的力最大，况且废立太子是国家大事，本官第一个不同意。”众人虽然不敢像他这样出言反对，却也没人同意太平公主的主意。

李隆基这边很快听到了风声，便开始为将来能顺利登基做准备工作。他在朝中安插自己的亲信大臣，提拔他们升官，其势力也在朝中悄悄壮大起来，到后来这些臣下还对睿宗施加压力，让他把公主迁出了长安城。

庙堂真相

萧至忠政治投机

萧至忠有干才，中宗时，武三思当权，萧至忠赶去投靠，历任高级干部，最后做到宰相。后来睿宗即位，把他贬出中央政府，萧至忠又去投靠当权的太平公主，有人劝他：“以您的才能，还怕不被重用吗？何必去投靠这人那人的呢！”萧至忠不听，太平公主让他再做宰相，一年多后，玄宗发动政变，太平公主自杀，萧至忠作为太平党成员，也被处死。

712年，睿宗让出了徒有虚名的皇帝宝座，新皇李隆基和太平公主的矛盾终于爆发。就在第二年，太平公主暗中召集军队，准备在七月四日这天将侄儿一伙一网打尽。

可惜，她的如意算盘让玄宗知道了，他迅速召集了三百多精兵，领着几个王爷大臣，在前一天率先发兵。当时，将士们叫开虔化门，趁叛军来不及防备，就气势汹汹地冲进去，叛兵们没想到事情会骤变，来不及反抗就悉数被杀，他们的将领更是被砍下脑袋示众。而后，那些跟此事有关的大臣和宰相也没能幸免。

太平公主惊恐不已，匆忙躲到了南山。她在那里待了三天，觉得侄儿对自己六亲不认也罢了，好歹还有个哥哥在皇宫里呢，难道能不为自己求情？所以她便战战兢兢地重新回到长安。

此时的长安城中并没有像她希望的那样，玄宗自从打垮了她，就彻底接手了睿宗那里残存的最后一点权力，也就是说，整个大唐从现在开始上至太上皇，下至老百姓，每个人都得听他的话了。

等待太平公主的正是一纸赐死的诏书，她享受了一世的荣华富贵，却最终被侄儿逼死，死时还不满五十岁。李唐皇朝在这场政变之后，迎来了一个后世景仰的太平盛世。

向历史借智慧

老总间的战争是你死我活

员工跟员工争，主管跟主管争，老总呢？老总就跟别的老总争，而很少会有员工跟主管争、主管跟老总争，因为，他们所处地位不同，要争的东西也不一样。不同阶层的人在一起，反而争不起来。老总间的战争，争的是公司的所有权，这样的战争硝烟更浓、你死我活——作为小员工的我们总在想：像太平公主这样的，什么都有了，为什么就不能退一步呢？解释只能是：人到一定高位时，就会自我膨胀，眼睛只看得见更大的利益，而看不到危险。

救时宰相

唐玄宗即位之初，虽然平定了太平公主的叛乱，但当时的唐帝国也因接连不断的挫折和动荡而萎靡不振，玄宗为了改变这种局面，开始物色可用之才。

有一天，玄宗在猎场接见智囊姚崇，问他："爱卿会打猎吗？"

姚崇回答："微臣年轻的时候虽然目不识丁，但打猎却是一等一的好手。后来有幸遇到一位伟大的老师，才一心钻研学问。虽然荒废了武艺，但想来也不会逊色多少。"

玄宗朗声笑道："我大唐的官员真是强啊，个个文武双全，居于朝堂可以治国安邦，跨上战马可以征战沙场。爱卿既然这么说，今天就让朕看看你的本事吧。"

姚崇依言上马，与玄宗一起狩猎。果然如他所说，整个狩猎过程中，他骑马或缓或急，或进或退，投枪射箭，操控自如。玄宗在一旁看了，暗暗赞赏。这次打猎结束以后，玄宗就拉着他秉烛夜谈，询问国家大事。姚崇有问必答，见解独到，切中要害。

庙堂真相

做人不可不厚道

武则天以来重用酷吏，酷吏之名臭天下，725 年，唐玄宗下令：酷吏来俊臣等三十二人的后代永远"剥夺政治权利"。这可真是做人不可不厚道哇，坏事做多了，会祸延子孙。

玄宗越听越有精神，最后感慨地说：“以爱卿的才能，应该待在朕的身边做宰相啊。”姚崇默然不语。

玄宗看他半天没有反应，觉得很奇怪，就问他：“你不明白我的意思吗？”

姚崇缓缓回答：“不是不明白。只是我这里有十件事，如果陛下能够做到的话，微臣一定尽心尽力辅佐您；如果陛下不能做到的话，那我明白和不明白都是一样的。”

玄宗不怒反笑：“这倒奇了，这宰相之位不知道有多少人想坐呢？现在爱卿不仅不坐，还跟朕提要求。行，你说说看是哪十件事？”

姚崇见目的达到，忙跪下行礼，字正腔圆地陈述起来：“第一，以仁德治国，要改改武后以来的酷刑峻法；第二，以休养生息为重，那些屡战屡败的仗就不要再打了；第三，法律面前人人平等，您身边那些无法无天的宠臣、近侍该管管了；第四，宦官干政，这种丑把戏以后不要再发生为好；第五，外戚当高官享受高级待遇，在我大唐已有些年头，这个也得改了，以后对外戚不能再随便封高官；第六，外戚公卿这些大族总是行贿送礼，以后只收他

名臣风骨

“伴食宰相”卢怀慎

715 年，卢怀慎与姚崇同为宰相，怀慎自知才能不及姚崇，所以凡事都让姚崇做主。而卢宰相只做一件事：吃饭。按唐制，大臣们上朝完毕，由宰相率领百官在尚书省会餐，所以，当时人们戏称卢怀慎为“伴食宰相”。不过，卢怀慎这人真是不错，虽贵为宰相，但家里一贫如洗。“伴食”是因为他有自知之明，知道自己才能不如姚崇，所以甘心打下手，不去妨碍姚崇的治国方针。

们的租赋，其他进贡一律禁止；第七，陛下今后对大臣应以礼相待；第八，广开言路、集思广益，鼓励官员们讲真话；第九，不搞大工程，从武后开始，修造佛寺、宫殿之类耗费太大了，劳民伤财；第十，外戚参政从汉朝时就有了，大唐也不能避免，臣希望陛下铭刻于心，坚决杜绝这类事情再发生。”

玄宗听后，感慨不已：“爱卿为国之心朕已经知道了，朕一定坚决执行，还望爱卿辅佐。”第二天，姚崇就做了宰相，开始为治理国家殚精竭虑。

开元初期，很多地方都出现了蝗灾，那时候人们不清楚蝗虫是从哪里来的——人是不生产蝗虫这种怪东西的，难道是老天爷派下来的？所以人们都吓得不敢灭蝗。姚崇在这个时候勇敢地站了出来，他对玄宗说：“蝗虫怕人，所以容易驱逐。到了夜里，百姓们可以在田边点起火堆，蝗虫看见火光就会飞过来，到时候就可以边打边烧。百姓们为了自己的庄稼，一定会积极响应的。”

眼看玄宗仍心存疑虑，姚崇就接着说：“陛下，古人早就有灭蝗的记载了。农业本来就是国家的根本，只有灭蝗免灾，老百姓有吃的，国家才能强盛啊。”

野史秘闻

看到好干部就精神百倍

玄宗早年是个好皇帝，留心朝政，虚怀纳谏，广开言路，号召大家放胆批评朝政和提建议。一天，官员们过来早朝，玄宗看见张九龄神清气爽，风度优雅，站在一班同僚中，有鹤立鸡群之感，就对身边的人说：“我每次看到张九龄，就觉得精神百倍！”张九龄后来做到宰相，成为一代名臣，为开元之治做出了很大的贡献。

当时有的官员劝姚崇说："宰相，杀生太多总是不好，这毕竟是天灾，人力怎么能与之对抗呢？不如修德吧。"

姚崇坚定地反驳道："杀蝗虫保庄稼，守住我大唐江山，这才是正道。如果上天真的要惩罚的话，我姚崇一人承担就是，决不连累诸公！"

姚崇的灭蝗最终取得了胜利。他在位期间日理万机，清除时弊，为"开元盛世"做出了卓越的贡献。时人称他为"救时宰相"。

向历史借智慧

是做下属，不是做奴才

唐朝实行的是宰相集体负责制，同时在任的宰相往往有好几位，但宰相毕竟是"群臣之首"，要地位有地位，要富贵有富贵，要想做事业，更没错，宰相就是干事业的最佳平台。所以，姚崇心里肯定也乐，但他很冷静，并不着急磕头谢恩，而是"丑话说在前"，你答应我的条件了，我才能答应做你的宰相。这样的"冷静"可真是难能可贵！一个人，无论上级给你个什么好位置，都一定要记住：我是来给你做下属的，而不是给你做奴才。

口蜜腹剑

“开元盛世”之下，唐玄宗志得意满，思想上逐渐懈怠。一个叫李林甫的中级官员凭借谄媚上级、攻讦同事和必要的能力，一路披荆斩棘，荣登宰相之位。做了宰相的李林甫就像一个飞速旋转的大铁球，它的周围不允许有任何威胁物出现。

一次，有位不知死活的朝臣两次上书，议论朝政得失，李林甫认定此人是针对自己，于是，变守为攻，很快就将那位官员赶出了朝廷。事后，李林甫阴恻恻地恐吓官员们：“诸君看到宫中仪仗队里用的马了吗？平日里好吃好喝地养着它们，简直和咱们三品官的待遇差不了多少。但是，只要它们当中有谁叫一声，就会立刻被拉出去扔了！以后它就是想再不鸣叫，也回不来了。当今天子何等圣明，我们这些做臣下的就不要再多嘴多舌了，只管奉命行事就好。”大臣们听了他的“仪仗马理论”，震骇当场，无人敢学那大叫的马。

“仪仗马理论”很快发挥出功效，唐玄宗的耳朵从此只听得

社会风情

开元盛世的富贵

既然日子过得这么好，沉溺于奢侈享受便成为一时风潮。冬天时，岐王手冷，但他不是烤火，而是把手伸到女妓们的怀里，以美女的肌肤取暖；杨国忠过冬，则是特选一些长得肥胖的婢女小妾，围起来挡风御寒；华清池附近的老百姓有一项业余活动，就是去小水沟里捡珠宝玉器之类，因为皇帝和妃子们在里面泡温泉，泡过的水冲出来，里面往往就有妃子们游戏时掉了的手链、项链之类。

到臣下们歌功颂德的声音，要不就是关心领导生活和身体的声音，再没有人胆敢说出点刺耳的话来。玄宗很满意，国家升平，形势一片大好，于是更加沾沾自喜，对政事越发置之不理了。李林甫为了保住自己的权位，杜绝玄宗起用人才。玄宗想在全国选拔人才，李林甫就利用玄宗对他的信任，派自己的党羽去监督，让全国上下选不出一个人才来。之后他还恬不知耻地对玄宗说："恭喜皇上，这天下的人才如今都被您所用，再无遗漏了！"

但偶尔唐玄宗也会思念人才。当时有一个官员严挺之在外地当差，玄宗有一天想起他，觉得可以重用，就向李林甫问起他的近况。

李林甫一听，就猜到了玄宗的心思，于是殷勤地揽下这件事："既然皇上想重用他，微臣就去替您打听一下他的近况吧。"玄宗不疑其中有别的想法，把这件事交给他办了。

李林甫找到严挺之的弟弟，表现得很和蔼可亲："你哥哥在外这么多年，一定很想回京看看吧？"

严挺之的弟弟看他慈眉善目的，待人和善，也就没有多加怀疑，又觉得他身为宰相，还能牵挂自己的兄长，心中顿时充满感激。

庙堂真相

别拿宰相当金鱼

玄宗任命李林甫为相，张九龄反对："李林甫为相，我担心日后会祸及皇室。"玄宗不听。一天，玄宗宴请大臣，指着池里的金色鲤鱼对张九龄、李林甫说："你们看这几条鱼，多活泼可爱呀！"李林甫赶紧跟上马屁："这全是因为皇上领导有方、恩泽四海呀！"张九龄冷冷地说："池中的鱼，就像皇上任用的人，只能装点景致，娱乐皇上而已！"这样说话的宰相自然会得罪人，736 年，张九龄下台，李林甫开始了他的专权时代。

于是他很有礼地向李林甫请教："我家兄长的确很想回长安看看。宰相大人既然说到这儿，不知能不能帮帮他？"

李林甫拍拍他的手，笑呵呵地说："我不过是一个宰相，哪能说帮就帮？这事呀，还得皇上决定。这样吧，不如你让你兄长向皇上递一道奏章，就说自己生病了，想回来看病。皇上向来仁德，一定会同意的。"

严挺之的弟弟听了，连忙向他谢礼，回去后，就让兄长上奏告病。玄宗看到奏章后，不无惋惜地叹道："可惜，可惜呀！严挺之如今身染重病，再也不能用了。"

朝中的官员知道这件事后，对李林甫的手段都恐惧不已，暗地里说："李林甫这个人，真是口中抹蜜，肚里藏剑哪！"这就是成语"口蜜腹剑"的出处。

李林甫是块裹脚布，把唐玄宗的视听遮蔽了。

据说李林甫特意建了一个小屋子，没有窗户，仿佛碉堡。当他要陷害某个人时，他会龟缩在碉堡里，冥思苦想，时间长短视对手强弱而定。如果他是皱着眉头出来的，则那人还能活；但如果他是微笑着出来的，那人无论如何也活不了了。

向历史借智慧

天上不掉白捡的馅饼

无论是从前还是今天，坏人坏事都说不完，一个平头老百姓，哪里能懂得坏人有多坏呢？再能干的人，也不可能在每个方面能力都突出，比如在对坏人坏心眼的了解上。所以，严挺之的弟弟就犯了个大错误。不过，话说回来，这样的错误其实还是可以避免的，正如警察同志提醒的："不要贪小便宜！不要相信免费的午餐！"时刻端正态度：不是你的你别要，真的白送也不要——何况，是由李林甫这样公认的坏人送上来的。

洗儿钱

根据唐制，节度使都要由读书人担任，任期一满，再调回中央担任宰相。旋转的大铁球李林甫为了减轻压力，就对唐玄宗说："陛下乃一代圣明之主，本就有并吞四夷之志，但儒臣素来怯懦畏战，倒不如多用番将。这些人一来勇武善战，二来熟悉边关，陛下如果让他们出将入相，将来一定会为大唐效力。"

唐玄宗认可了李林甫的建议。自此，节度使都由武人担当，于是，历史上鼎鼎有名的胡人安禄山开始崛起。

安禄山体态肥胖，表面上看人人都觉得他很老实，甚至还很可爱，其实不然。他知道玄宗特别宠幸杨贵妃，就极力巴结，还主动请求做她的儿子，贵妃很高兴地答应了。他生日过后三天，贵妃就笑道："我既然收你做了孩儿，这该有的礼数就不能少。咱们中原有个规矩，孩子出生后三天，要举行沐浴仪式。今天恰巧是第三天，咱们就把这礼给行了吧。"

安禄山立刻拍手称好，还高兴地站起来手舞足蹈。贵妃就让

名臣风骨

火眼金睛张九龄

据说 733 年，在张九龄当宰相的时候，安禄山还是一个边疆小将，第一次来首都汇报工作，张九龄看到他，就和旁边人说："将来乱幽州的，必定是这个人！"几年后安禄山在边疆打了败仗，按律当斩，张九龄极力劝玄宗乘机除了他，但玄宗皇帝不答应。

太监宫女们脱了他的衣服，用锦缎充当襁褓把他包裹起来。一时间，大家的兴致都高涨起来。太监们抬着他到处走，宫女们嬉笑着追逐玩闹，就连玄宗也惊动了。

玄宗知道后，也兴致高涨，前来观看。安禄山看皇上和贵妃都很高兴，更是铆足了劲演戏，逗得两人乐不可支。玄宗一高兴，就备了很多金银珠宝，派人送到安禄山府上，说是赏给他的“洗儿钱”。

之后，安禄山每次入宫都先向贵妃行礼，接着才是拜玄宗。玄宗觉得奇怪，就问他原因。他憨厚地笑着说：“这是我们胡人的规矩，拜父亲前都要先向母亲行礼。”玄宗听后，哈哈大笑。

刚开始的时候，安禄山对朝中的政局不太了解，就一心一意地讨好玄宗，想着自己只要伺候好了皇上，就可以恩宠无限。渐渐地，他仗着玄宗对自己的宠信，对官员们的态度就傲慢起来。

他第一次见到宰相李林甫的时候，因为不清楚对方的权位，就露出了轻视的眼神。李林甫也不生气，只是找人请来当时玄宗身边的宠臣王铁。李林甫权势滔天，就连王铁也不敢得罪他，一听说宰相找他，就匆匆地跑来询问。

野史秘闻

谄媚过了头

成敬奇很有才华，写文章一挥而就，在大理寺当官，是姚崇的姻亲。有次姚崇生病，成敬奇来看望他，对着姚崇竟然哭了起来。成敬奇带了几只麻雀放在怀里，这时一一拿出，请姚崇接过去放飞了，同时祝福姚崇说：“希望您早点好。”等成敬奇一走，姚崇对自家子女说：“看这人装的！我又不是他父母，哭什么哭哇？”从此，再不跟他来往。

见到李林甫后，王𫟹连忙理好衣冠，恭恭敬敬地向他行礼，语气谦卑地跟他打招呼。安禄山在一旁见了，心中又是惊异又是恐惧。也亏他反应快，看见王𫟹行礼，他也三步并作两步地上前行了个大礼："李大人，末将有礼了。"

李林甫也不露声色，只跟王𫟹说话。安禄山看此情形，就一直在旁边候着，言语上变得恭敬无比，还时不时地向二人笑。从这以后，他就很忌惮李林甫，事事以他为首，李林甫对他的表现也越来越满意。

安禄山知道李林甫心机深重、阴狠毒辣，所以每次派人上京，都会千叮咛万嘱咐，让使臣一定要去拜会李大人。使臣回来后，他的第一句话总是询问李林甫的近况。如果使臣说李林甫夸奖他，他就会长长地舒一口气，眉开眼笑；如果使臣说李林甫态度不太好，他就会如临大敌，整天唉声叹气地说："我安禄山怕是不长久了！"

当时谁也没料到，正是这样一个念叨着自己"不长久"的人，最终使得唐王朝一蹶不振。

向历史借智慧

讨人欢心是一门学问

当三百斤重的大胖子安禄山被包在布里抬着到处走的时候，此刻，他才算真正站稳了脚跟，玄宗也才算真正接受了这个粗野的胡人，促成这一"友谊"的是一个女人——杨贵妃。可见，女人是友谊的桥梁。这个事例也告诉我们：如果你要讨得一个人的欢心，有两种方法，一是讨得他本人的欢心，一是讨得他喜欢的人的欢心。多数时候，后一种方法显然更容易奏效。

杨国忠当政

公元753年，关中地区连降暴雨，灾情严重。沉溺于享乐之中的玄宗看着连续数天的大雨，不由得担忧起来，深恐水灾会造成饥荒。

时任宰相的杨国忠知道后，忙让人选出上好的禾苗，进宫面圣。他把禾苗递给玄宗看，并说："皇上有什么可担忧的，天佑我大唐，百姓们年年丰衣足食，今年不过是雨水比往常多了些，但庄稼倒没受到什么损害。"

玄宗看到颗粒饱满的禾苗后，就放下心来，继续沉迷于酒色歌舞之中。他不知道，也不愿意知道，杨国忠在蒙蔽他。杨国忠是贵妃杨玉环的远房堂兄，行为之卑劣，无人出其右，杨玉环光彩夺目时，他借着这光彩得以飞黄腾达。

杨国忠年轻时穷怕了，一旦拥有权力的魔杖，知道这魔杖可以呼风唤雨时，就立即摩拳擦掌，在财富场上冲锋陷阵。杨家的人吃穿用度全是极端奢侈的，在杨国忠一门的"榜样"下，朝廷

庙堂真相

贵妃是个女道士

做尼姑或道士，是唐朝贵族女子最乐意的职业之一，拥有了这种身份，世俗生活管不着她们，而寺观又管不了她们。744年，玄宗看上了儿媳妇杨玉环，便令她先出家成为女道士，再把她偷偷带回宫里，第二年，正式封为贵妃。

上下弥漫起了奢侈腐化之风。相应地，朝廷就加重了对民间的压迫剥削。

这并不是最恶劣的。有一次，本该作为人质留在大唐的南诏公子逃跑。玄宗知道后，大为震怒，扬言要讨伐南诏。杨国忠那样的人本来就很会投其所好，当时，有个叫鲜于仲通的官员是他的好友兼党羽，他为了扩充自己的势力，就向玄宗推荐了鲜于仲通。玄宗对他非常信任，就答应了他的请求，让鲜于仲通担任剑南节度使，再率兵讨伐南诏。

于是，鲜于仲通率领六七万大军前往南诏，南诏本来就对大唐有所不满，现在为了自保，就跑去向吐蕃求救，而吐蕃为了扩张势力，爽快地答应了借兵的要求。就这样，南诏和吐蕃的军队在今天的云南一带相遇了。敌军气势汹汹，士气高涨，而唐军这边哪里还有初唐时的威风，双方一经接触，唐军即行溃败。这一战很快就结束了，六万多唐军除了鲜于仲通一人逃脱之外，不是被杀，就是被俘。南诏和吐蕃从这以后，结为了兄弟之邦，约定和大唐势不两立。

杨国忠知道后，为了保住自己的权势，居然上报玄宗，说这

野史秘闻

是冰山而不是靠山

杨国忠权倾天下，很多人都来巴结他。河南进士张彖，文章写得好，有志气，洁身自好，从来不去巴结权贵。有人劝他去拜见杨国忠，可以升官发财。张彖说："你们以为他像泰山一样稳靠，我却看他是座冰山，太阳一出来，冰山就会融化。"张彖守法奉公，勤于政事，作为官场异类，反而经常被打压，有志难为。张彖愤然而起："大丈夫当有凌云之志，在小地方做事，就像站在一个低矮的屋子里，动弹不得。"于是挥一挥衣袖，辞官去嵩山隐居了。

次的南诏之战大获全胜，鲜于仲通不失为一个骁勇干将。昏庸的玄宗被蒙在鼓里不说，还志得意满，觉得大唐又一次展现了让诸国臣服的军威。杨国忠做戏还做了全套，不仅任命了一个官员做失地的长官，还在长安城中大肆庆功，城中的人见了，都恨不得剥了他的皮，喝他的血，吃他的肉。

从这以后，杨国忠更加肆无忌惮。他在朝中专权跋扈，在民间搜刮民脂民膏，大肆征兵，准备再攻打南诏。大唐从开国以来，太平了一百多年，百姓怎么会愿意出战？杨国忠就派官员到处去抓人，有的官员凑不够人数，只好用粮食欺骗一些穷苦百姓，等他们上当后就把他们抓起来，像押犯人那样押去当兵，中途有逃跑的就用押送犯人的士卒充数。日子一长，大唐上下变得人心惶惶，百姓们对朝廷的官员更是恨得咬牙切齿。

754 年，大唐第二次讨伐南诏仍然没有取得胜利，十几万大军全军覆没。杨国忠依然过着极端奢靡的生活，但是，好日子不会长了，苍天正在计算着他的寿数。

向历史借智慧

裙带关系害死人

一人得道，鸡犬升天。妹妹杨玉环做了贵妃，哥哥杨国忠也跟着沾光，以国舅身份当了宰相，另外兼职四十多种。但毫无疑问，宰相这种艰巨的工作，没受过专门训练的人很难做得好，要知道，历史上留下名字的国舅，多数都是因为失败而出名的。从这一简单事实中，我们可以了解：要想有一个好国舅，这教育工作要从小抓起，否则，裙带关系真是害死人。历史上，有多少英明的帝王都毁在这些裙带亲戚上，亡家亡国。

范阳起兵

公元 754 年的一天，远在万里之外的节度使安禄山策马飞驰进了长安城。原来，这一次他是奉诏入京。因为宰相杨国忠不厌其烦地怀疑他要谋反，就向玄宗献计，看拥兵自重的安禄山敢不敢回长安面圣——杨国忠不知是吃了什么稀有动物把脑子吃坏了，安禄山造反，全是他一手逼出来的。

杨国忠曾斩钉截铁地跟玄宗说，安禄山一来为了谋反之事，二来怕被扣留在长安，是绝对不会来京城的。但现在，遭人怀疑的安禄山却受命回来了，告他谋反的太子震惊了，说他不会回长安的杨国忠也呆了。

安禄山一路飞奔，进宫面圣。他刚一看见玄宗，就痛哭着跪倒在地："陛下，微臣领命回来了。微臣知道在朝中多遭诟病，臣本来就是一个胡人，被中原人看不起也是正常的。多亏陛下不拘一格，臣才能够有今天。臣对陛下感恩戴德，您下令我又怎么会不回来？现在微臣就是被朝中的官员们害死也不后悔。"

庙堂真相

安禄山本是穷苦人出身

据野史记载，安禄山出生时，有妖星降落，这种话只能当笑话看看。真实的情形是，安禄山也是穷苦人出身，年少时吃了上顿没下顿，后来当了兵，因为打仗勇敢才慢慢混出点名堂。那时候，他肯定没有后来那么胖，胖得肚皮都快掉到地上了；那时候，他的梦想肯定也不过是做大一点的官，领导和同事们对他好一点。

玄宗看他真情流露，就忙上前扶他起来，宽慰他说："朕知道你为官的难处，现在让你回来，不过是要堵住朝中那一帮官员的嘴。朕本来就对你信任有加，现在再看到你，更是宽慰呀。"

这一次领命回京，安禄山又得到了很多封赏，但此时他的心早已不在加官晋爵上了。

天宝年间，安禄山位高权重，手中掌握着大唐近三分之一的军队，再加上他远离京城，所以就暗自招兵买马，图谋造反。

杨国忠本就跟安禄山不对付，见他在朝中风头日盛，心中很是不甘，就多次告诉玄宗安禄山意图谋反。

玄宗一直都觉得安禄山是个憨厚老实的忠臣，开始的时候还不相信，直到天宝十二年（753 年），朔方节度副使阿布思的兵力也被他收罗旗下。一时间，安禄山手中的精兵猛将如云，天下竟没有人能与他相比。

后来，太子也上书说安禄山有叛乱之心，这才有了玄宗召他回京的事。

安禄山在长安没待多久，得到玄宗的允许后就准备返回驻地。临行前，玄宗亲自脱下御衣赐给他，作为送行之礼，而宦官高力

名臣风骨

杜审言骄傲

诗人杜审言，恃才傲物，当世的人，哪个他都看不上。当时苏味道主持吏部考试，杜审言考完出来后，跟人说："苏味道快要死了！"旁人都吓了一跳，问怎么回事，杜审言解释说："苏味道看了我的试卷，肯定得羞愧而死。"有一次，杜审言生病了，宋之问等去看望他，杜审言说："呀，真发愁，这么多年来，我才华太高，压得你们透不过气来，如今我就要死了，可能够替代我的人，一个也没出现！"

士也领命在长安城东的长乐坡为他送行。

安禄山一离开长安，就一改唯唯诺诺的模样，命属下火速回到驻地范阳。没有人知道，这几天他在长安城中是如何寝食难安，表面上却还要装作若无其事。他时时刻刻都担心杨国忠那些人会在玄宗面前吹耳边风，把他留在长安，那他恐怕就死无葬身之地了。还好，还好，此刻他才能稍稍缓一口气，但深知自己还不能松懈。

一路上，他命人日夜不停地行进，就是路过郡县也不敢有丝毫停留。他的心仍然悬在半空中，一会儿嫌船开得慢，一会儿嫌马跑得不够快。他当时要坐船顺流而下，为了尽早回到范阳，竟然使唤万名纤夫为他拉船，日行三百里。终于，在日夜兼程下，他安然回到了范阳，但这时他仍然没有痛下决心造反。最后，是杨国忠让他下定了决心——把安禄山在长安城中的亲人全部杀掉。

天宝十四年（755 年）十一月的一天，安禄山痛哭流涕，拿出一封伪造的文书对将士们说："皇上有密旨，要我等率兵攻进长安，诛杀奸臣杨国忠，大家快去准备吧。"

社会风情

"初唐四杰"的排名

初唐四杰，当时人的排名顺序是"王杨卢骆"。卢照邻为之很不高兴，说："我排在王勃后面，不冤；排在骆宾王前面，很惭愧。"——卢照邻同学很谦虚，不敢跟王勃、骆宾王比，但言下之意，仍然是把自己排在第三，在杨炯的前面。

对于这个排名，杨炯也有不同意见，说："把我排在王勃后面，我觉得羞耻；排在卢照邻前面，我很惭愧。"——言下之意，自己仍然是第二，但第一应该是卢照邻。

大家都很怀疑，但是也只能听命行事。没多久，他就调集了十五万兵马，连夜出发。第二天，安禄山在军中誓师，下令道："军中如果有异议的，有煽动士兵的，斩三族！"将士中再也没有敢说别的话的了。之后，他领兵一路奔长安而来，长达八年的"安史之乱"拉开了序幕。

向历史借智慧

生活选择了安禄山

有句话说得好：人在选择过什么样的生活，生活同时也在选择人。甚至，后一种情况更常见，安禄山就是"被选择"了。起兵之前的安禄山，作为封疆大吏，在自己的地盘上，那真是"风能进雨能进，皇帝的势力不能进"，所以何必跟皇帝过不去呢。就算他真起了心思要造反，也可以从容地挑个更好的时机。但生活逼着他在这个时候匆匆地和朝廷摊牌。

潼关之战

“安史之乱”开始后，安禄山西进长安的雄心在潼关受挫。驻守潼关的是当时的名将哥舒翰，他为大唐立下过赫赫战功，深受唐玄宗的器重。

此时的哥舒翰已经年老多病，奉玄宗之命驻守潼关，只守不攻，让安禄山很头痛，急得抓耳挠腮。这个时候，安禄山的敌人杨国忠，正在以一贯超低能的智商来帮助他：杨国忠三番五次地在玄宗面前极力鼓动，说要哥舒翰出潼关，主动攻打叛军。唐玄宗听信了他的话，派一批批使者来催促哥舒翰出兵。

一天，哥舒翰又接到玄宗的命令，让他尽快出击。他拿着诏书哀叹道：“安禄山本来就是以反叛之名出兵，不得人心，所以他才急于攻进长安。老夫一直觉得只要守好潼关，按兵不动，时间一长，叛军就会自乱阵脚。可谁知陛下如今屡屡催促老夫出关，这该如何是好？”

旁边的将士们听了，都跟着叹道：“陛下多次催促，使者一

庙堂真相

有权人砍人如同砍白菜

755 年，杨国忠跟安禄山死磕上了，派人把安禄山在长安的家人，和在他家住的亲戚朋友全捕杀了，逼得安禄山不得不尽早反叛。将军高仙芝带兵抵抗安禄山，脚跟还没站稳，被监军宦官诬以谋反，正当用人之际，玄宗仍然糊涂，把高仙芝和另一员大将封常清斩杀。哥舒翰接任，退守潼关。

拨接一拨的，将军虽然为难，还是要尽早做决定啊！”

哥舒翰沉思良久，眼中竟不觉流出了两行热泪，哽咽道：“出关吧。若是不出关，老夫只怕下次收到的就是要将我等斩杀的命令了。”将士们听到他这样说，心中也是悲痛万分。

天宝十五年（756年）六月，哥舒翰迫于皇命，领兵出关。叛军得知消息后，就提前作好了准备。唐军出关后，要经过一条狭长的山道。这条道长达七十里，险峻狭窄。

哥舒翰到达这里时，先去察看了周围的情况。当他看到叛军后，长舒了一口气，心中宽慰不少。原来，叛军将领崔乾带来迎敌的士兵不仅少，而且队伍松松散散，没有秩序可言。哥舒翰微微笑道：“崔乾这厮，怕是想到老夫年老体迈，竟然这般轻敌。也好，也好。”

久经沙场的哥舒翰这一次放松了戒备，命令队伍继续前行。将士们领命后，就纷纷走进了这条狭长的山道。因为山路崎岖狭窄，士兵们没有办法排成队列行走，而且行进的速度也很慢。

突然，山顶上人声鼎沸，战鼓声震天。众人抬头一看，只见无数的叛军高居山上，大声叫嚷着，巨大的滚木、石头应声而落。唐军大呼中计，连忙择路而逃。然而山路狭窄，实在进退两难。

野史秘闻

即位诏书世家

肃宗在灵武即位时，玄宗在四川，并没有下诏让他登基。但见事实既成，玄宗不得不下了禅位诏。当时起草诏书的是官员贾至。诏书起草好后，进献给玄宗看，玄宗说：“我即位的诏书是你父亲写的，现在我儿子的即位诏书是你写。这等盛大的典礼，出自你们父子，也是一个美谈哪。”

大家你推我搡，还没走几步，滚木、巨石就砸了下来。转眼之间，唐军死的死、伤的伤，哀号声、叫苦声连绵不绝，就是幸存的人看见眼前这般景象，心中也是惊恐不已，抱头逃窜。

哥舒翰此时悔恨不已，心中又怒又痛。他好不容易稳住了心神，忙命队伍继续前进。然而世间的事，都是“福无双至、祸不单行”。当叛军的滚木和巨石不再滚落，他们又背来柴草，堵住道路，趁着风势放火，一眨眼的工夫，山谷中烟雾弥漫。唐军看不清四周的情况，为了防止叛军攻上来，慌乱之中就开始胡乱射箭砍杀，不敢停手。等到烟雾散去，叛军就开始前后夹击，全力进攻。而唐军中活着的人此刻才发现，刚刚杀的都是跟自己一路走来的战友。队伍霎时陷入了恐慌，战士们都丢盔弃甲，自寻出路。绝望的叫喊声传遍了整个山谷，山路上到处都是尸体，血流成河，每一个角落都弥漫着血腥味，曾经打过无数胜仗的哥舒翰彻底输了。他带领着几千残兵，匆匆逃了出来，准备继续镇守潼关。

他的部下中有个一脸忠诚相的叫火拔归仁的，眼见形势不对，就临时起意，绑了哥舒翰前去投降叛军。等哥舒翰见到安禄山后，知道大势已去，只好跪在地上请罪：“陛下万安。以前是罪臣老

名臣风骨

老对头：哥舒翰与安禄山

这两人同朝为官时，就一向不对付，甚至惊动过玄宗皇帝，他还专门为此安排了一次饭局，陪客的是当红宦官高力士。安禄山向哥舒翰套近乎，说：“我父亲是胡人，母亲是突厥人；你父亲是突厥人，母亲是胡人；可见咱俩很有缘，应该多亲近才是。”哥舒翰回了句掉书袋的话：“谚云‘狐向窟嗥，不祥’，所以，人不要忘本；老兄既然这么说了，我哪敢不多亲近哪。”“狐”和“胡”同音，安禄山以为哥舒翰在骂他，张嘴就骂了起来，两人不欢而散。

眼昏花，不知您是拨乱反正的天命之主，还望您见谅。我现在愿替您招降李光弼那些人，以此来赎罪。”

哥舒翰的临阵投降不久就传遍了整个大唐，唐玄宗和杨国忠除了怒骂，毫无办法。而哥舒翰的投降也没为他换来晚年的安乐，一年之后，他就被安禄山的儿子安庆绪杀害。

向历史借智慧

在压力面前，谁扛得久谁就能活下来

杨国忠逼迫哥舒翰出击，相似的情景在历史上很多，结果往往是：没扛住压力的，不但事情办不成，还得搭上自己的性命；而不管上级怎么逼迫，就是死死扛住，仗该怎么打还怎么打的，反而能峰回路转，结果圆满。其实，哥舒翰没弄懂领导的心理，无论领导有多着急，施加多大的压力，甚至撤职、追责，目标无非是要你取得胜利。“结果决定一切”，只要你扛住，并且成功了，过程当中你曾怎么得罪他，都会变得不重要。

马嵬驿兵变

安禄山的大军进入潼关后，长安城的失守已是必然。无奈之下，玄宗决定带兵出逃，就这样，他做了大唐帝国立国百年来第一个逃出长安的皇帝。

玄宗的这次出逃是在晚上进行的，他带着自己的皇子皇孙、数位大臣和杨贵妃，一行人悄无声息地出了长安城。他晚年沉迷于酒色，朝政长期由宰相李林甫和杨国忠把持，整个朝廷和国家早就怨声载道。而这次逃亡更让随行的将士们觉得愤愤不平，每个人心中都憋着一把火。一场兵变就借着这个契机，悄悄地展开了。

这一天，队伍到了马嵬坡这个地方时，将士们饥渴劳顿，抱怨不断，玄宗只好让大家停下来休息。等到大军都安顿好后，有人看到有吐蕃使者与杨国忠谈话。当杨国忠送吐蕃使者出来时，唐军中突然有人高喊："杨国忠和外族勾结，要造反了！"

杨国忠听见后，本想阻止这些人胡言乱语，岂料还不等他走近，越来越多的人都在叫嚷着说他要谋反。杨国忠终于意识到形势不

社会风情

美女杨玉环

杨玉环和西施、王昭君、貂蝉一起，被称为中国古代四大美女，而其中又以杨玉环的故事最多、最为人津津乐道。唐代数得出的大诗人，很多都写过关于她的诗，比如，李白、杜甫、白居易、杜牧……其中白居易的《长恨歌》最为动人："回眸一笑百媚生，六宫粉黛无颜色"，"在天愿作比翼鸟，在地愿为连理枝。天长地久有时尽，此恨绵绵无绝期"。

对，再看看眼前的将士们，怒目圆睁，群情激愤，他的脸顿时吓得惨白，慌忙策马准备掉头离开。士兵们再也不能容忍，立即有人把他从马上射了下来。

看到向他步步紧逼的将士，他就忙不迭地从地上爬起来，灰头土脸地往前狂奔。士兵们看他逃跑，紧随其后，追到西门把他抓住，还没等他反应过来，乱刀纷纷砍下，将他杀死。众人看杨国忠没了气息，忙一拥上前割他的肉，争抢着几乎要把他吃完才停下来。接着，将士们又割下他的头颅，悬在驿门上示众。

玄宗听到外面的吵闹声，忙询问发生了什么事。身边的人就告诉他，杨国忠造反，被将士们杀死了。

玄宗骇然。

和皇帝一起逃出京城的官员魏方进自认为可以拨乱反正，就出去阻止道："现在兵荒马乱的，你们为什么还要杀宰相？"将士们看不惯他在这个时候还大言不惭，于是把他杀掉了。

这场兵变并没有因为杨、魏二人的死宣告结束，护卫队大队长陈玄礼接下来又带兵围住了玄宗的驿馆。他向玄宗上奏："杨国忠意图谋反，我等将士忠心护主，已经将他斩杀了。贵妃跟他

庙堂真相

玄宗论人

玄宗逃跑时，只有韦见素、杨国忠、魏方进跟随。玄宗问高力士："你觉得还有谁会跟随过来？"高力士说："张垍兄弟世受皇恩，应该会来；房琯很想做宰相，但陛下一直没用，又受到安禄山器重，应该不会来。"玄宗说："你说得不对。"不久，房琯来到。玄宗问张垍兄弟在哪里。房琯说："我找他们一起来，他们推辞说马跑不了。我看他们不会来了。"玄宗对高力士说："张垍兄弟自以为才能天下无双，一直恨我没有升他们为宰相。所以，才会有今天这样的情况。"

是兄妹关系，怎么可能独善其身？将士们现在来要她的命了。”

玄宗又惊又怒，虽然他意识到了事态严峻，但还是不愿答应。等他回到屋内，一下就跌坐在椅子上，悲痛万分地叹道：“朕跟玉环情深意重，怎么能把她交出去呢？况且她久居深宫，宰相就是想谋反，她也不可能知道哇！”

高力士看他伤心，又犹豫不决，就上前劝慰他：“陛下，您如今深陷险境，只有靠外边那些将士才能保住性命啊！他们现在杀了宰相，如果留着他妹妹，也就是贵妃娘娘，一定会担惊受怕，不会尽心保护您的。现在形势危急，陛下，您要以大局为重啊！”

后来，玄宗见事情已经没有回旋的余地，只好在跟杨贵妃诀别后，命人将她勒死在佛寺下，接着又把尸体陈放在天井中，让将士们来验明正身，之后就把她草草埋葬了。

在“马嵬驿兵变”中，杨国忠的妻儿、虢国夫人等也先后被杀，历史学家终于可以如释重负地说：奸臣杨国忠终于得到了他应有的下场。同时也要说一句：唐朝已经开始走向毁灭了。

向历史借智慧

女人总是代男人受伤

唐玄宗（明皇）和杨贵妃的这场爱情，是中国历史上最有名的爱情故事之一，但可惜的是，除了收安禄山为干儿子、在华清池和玄宗洗鸳鸯浴之外，杨贵妃还做了些什么，性情如何，她的内心生活……都不清楚。从历史记载来看，杨玉环并没做过多大的坏事，她最大的罪就是有杨国忠这样一位兄长，而这份罪一半应由杨国忠来承担，另一半得由唐玄宗来承担，不是唐玄宗的纵容，一个杨国忠也掀不起多大的风浪。马嵬驿兵变，杨国忠死有余辜，杨玉环则是替玄宗受死。

第四章　力挽狂澜——『安史之乱』和庙堂恩怨

“安史之乱”，好比平地一声惊雷，震醒了唐玄宗，也震醒了“开元盛世”的迷梦。唐朝的苦难由此开始。

由安禄山和史思明领跑的这场接力赛，始于 755 年，结束于 763 年。在八年的时间里，唐朝中央先后经历了玄宗、肃宗、代宗三个皇帝，杨国忠、李辅国、程元振、鱼朝恩等权臣，当然，也涌现出了郭子仪、李光弼这样的军事奇才。

在这场力挽狂澜的斗争中，皇帝与大臣同心协力，试图将大唐拉回当年的辉煌盛世中。但是，因为太急于平定“安史之乱”，唐帝国跟藩镇妥协，跟宦官和近臣也妥协，又给自己培育起了两个新的敌人，比“安史”二人还要麻烦得多的势力。

唐帝国如同冰山，“安史之乱”的热力虽然散去，但余热已足以让它一点点消亡。

四万义军同日死

诗人杜甫在《悲陈陶》中写道："野旷天清无战声，四万义军同日死。""四万义军同日死"，说的就是公元756年的陈陶斜之战。

唐肃宗在灵武即位后，迫切希望能尽快平定叛乱，重回长安。这时候，宰相房琯提出要带兵出征的要求，得到了肃宗的全力支持。房琯是当时的名儒，喜欢佛、道之学，自觉博览群书、无所不通。他向肃宗上疏，说要一举收复长安和洛阳，这个上疏很对肃宗的胃口，因此，房琯很快就接到了命令，允许他领着数万大军出征。

至德元年（756年）十月，天气已经越来越寒冷了。这一天，数万大军在房琯的指挥下往长安进发，当到达陈陶斜这个地方时，就跟叛军相遇了。

房琯看到双方陈师阵前的情景后，很是自信，就发号施令，要众将士按他的意思摆开阵形。在房琯的心中，自己博古通今，打仗对他而言，简直是易如反掌的事。于是，唐军以两千辆牛车

庙堂真相

大难临头各自飞

756年，杨国忠被杀，杨贵妃被缢，众大臣也不想再跟着玄宗这糟老头子了，一群人扔下玄宗皇帝，转身去拥护皇太子李亨，一路跑到宁夏灵武。李亨登基，是为唐肃宗，尊唐玄宗为太上皇。

排在中间，两边是步兵和骑兵依次拉开，全力冲向敌阵。

房琯看见唐军将士向前冲的场面，心中十分自得。这其实是他遍读古书后，偶然间获得的春秋时期的战法。此刻的他心中暗赞道：这一仗之后，本相的古战法一定会万古流芳，收复长安、洛阳指日可待。

叛军将领在看到唐军的阵形后，迅速作出了应对。他们敲响战鼓，鼓声如雷鸣般响起。那些本来驾着车的牛哪里见过这样的阵势？在听到鼓声后都惊恐万分，四处乱奔，驾车的将士们也控制不住它们。而夹在两边的骑兵和步兵因为阵形出现混乱，也难以守住阵脚。接着，叛军的将领又让手下的士兵朝唐军这边丢草料，再用火点着。当时天刮着大风，火借着风势，迅速蔓延开来。这一下，本来就有些混乱的唐军更是溃不成军。牛、马被火烧着后，互相踩踏，骑兵们纷纷从马上坠落，步兵们成了火人。军队士气本来就不高，现在又混乱不堪，四下奔散，哪还有心思去迎击叛军？

房琯看到这样的情形，心中大骇，只能一个劲地高呼撤退。叛军没有“穷寇莫追”的风度，于是，撤退的唐军士兵也遭遇厄运。战场上到处都是唐军的尸体，四处流着鲜红的血，这一刻，天地

庙堂真相

唐玄宗品评人物

“安史之乱”后，玄宗和随从聊天。当时，肃宗任用房琯为大将，玄宗评论说：“这个人打不过安禄山。”又说：“要是姚崇在，平定安禄山不在话下。”就说起姚崇的精明强干，深谋远虑。说到宋璟，玄宗不喜欢，说：“这个人正直是正直，但好求名声，有些做作。”又品评众宰相，说到张九龄，很是器重。说到李林甫，玄宗说：“这人妒贤嫉能，没人能比。”随从问：“陛下既然知道，为什么还让他当了那么长时间的宰相呢？”玄宗默然。

也乍然变色。

房琯惊惧不已，什么都顾不上了，只是催人驾着马车狼狈万分地逃离了战场。等到他后来收拾残部时，数万将士只剩下了几千人。他领着残兵，逃回了肃宗停留的地方，向肃宗负荆请罪。肃宗最终原谅了他，心中却是万分悔恨。

房琯一介儒生，居然妄想领兵收复长安和洛阳，结果导致四万将士枉死，而唐朝廷平定“安史之乱”的路还遥遥无期。

向历史借智慧

房琯亮错了武器

读书人的长处是讲道理、搞学问，而绝不是舞刀弄枪、带兵打仗，并把自己想象成诸葛亮再世。房琯就是弄错了自己的身份，亮错了武器，结果损国害民，几万士兵白白牺牲了。做人要多多发扬自己的长处（优势），把自己的短处（弱点）藏起来，这不是虚伪，而是生活的必要策略，也是做事情的正确态度。

唐朝版的地道战

公元 757 年，史思明率领十万叛军进攻太原。当时驻守太原的是大将李光弼，他手下的精兵已经调到其他地方去了，整个太原城中可用的兵力不足一万。

李光弼精通战事，智计百出。眼见兵临城下，他不仅不害怕，还胸有成竹地鼓励众将士好好守城。他带着官兵拆毁民房，用房子的建筑材料做成抛石车。车子巨大，需要两百个人才能操作。

叛军很快发动了攻击，城门上的唐军就操作着抛石车，往城下抛射大石头。石头如冰雹般砸下，一个石头就砸死数十人，地上轰隆隆作响，史思明的军队很快败下阵来，纷纷嚷着撤退。唐军看到巨石车击退了敌兵，不由得在城楼上欢呼雀跃起来。

然而史思明进攻太原的心意坚决，面对巨石车，他很快就想出了对策。叛军又一次攻城了，这一次他们专门造了飞楼，用木板作为屏障，以便士兵顺利登城。史思明还让叛军在靠近城墙的地方建造土山，只要土山堆到城墙那么高的时候，士兵就可以从

名臣风骨

名将仁心

当年，玄宗想攻打吐蕃的石堡城，以董延光为主将进攻，命令王忠嗣接应。王忠嗣觉得石堡坚固，攻下来也是得不偿失，所以接到命令后不肯出力。李光弼对王忠嗣说："将军爱惜士兵，但这样会使两军不和，会招来祸害。"王忠嗣说："我怎么能用几万人的性命去换一座不中用的城池呢？皇上责备，大不了被贬官；再不然，发配边城罢了。"李光弼感慨地说："将军真比得上古代名将。"

土山上往城里攻。

李光弼看到城外的土山后，仍然机智应对。他号召士兵在城内挖地道，直通城外的土山。叛军看着山越堆越高，正因为胜利在望而窃喜的时候，土山却轰然倒塌了。史思明这个气呀，冲着城上的李光弼叫骂不止，却又无可奈何。

后来，为了打击唐军的士气，史思明又想出一个办法。他让人在城外设下酒宴，搭上戏台，又把自己的将士聚在一块儿喝酒看戏。叛军喝的是美酒佳酿，看的是专门嘲讽唐玄宗的戏。戏子在台上肆意丑化玄宗，引来台下叛军阵阵哄笑。

众人举杯共饮，欢闹声一刻不停。突然，意想不到的事情发生了，台上的戏子形同鬼魅一般地消失，没了踪影。大家正觉得奇怪，就听到太原城那儿有动静。走近一看，原来是刚刚消失的戏子不知被谁割了脑袋，又扔在了城墙下，那一双眼睛还大大地睁着，看上去狰狞恐怖。

叛军见了，有好些都吓得尖叫着跑开。史思明好容易才稳住了心神，让士兵把自己的大帐从那里移开，众人酒也不喝了，席也匆匆地散了。

庙堂真相

平定“安史之乱”功臣怎么赏

肃宗说：“现在郭子仪、李光弼都官至宰相了，再立大功，已经无官可封了，怎么办？”李泌说：“封赏除了官职，还有爵位。到时，可封他们为王，以二三百里的土地作他们的封邑，和现在的小郡差不多，掀不起大的风浪。”肃宗说好。

一天，史思明收到李光弼派人送来的投降书，上面写着太原城中的粮草都吃完了，将士们不想再打下去了。史思明一看就哈哈大笑起来："太原城马上就要落入我手中了，我等统一江山的日子还会远吗？"

史思明同意了对方投降，到了约定的日子，双方在城外会合。李光弼派了一些士兵守在城墙上，又让偏将手持白旗，领着数千人马一起出城。叛军在远处看到后，都笑逐颜开，丢下武器争相观看，等着入驻太原城。

就在这时，他们所在的地方猛然塌陷，数千叛军还来不及呼救，就全都掉进了坑中，不过一瞬间就被土掩埋。幸免于难的叛军惊恐地叫着，想动又不敢乱跑，不动的话又担心自己会像伙伴那样深陷土坑里。

出城投降的唐军见状，连忙握紧手中的兵器，奋勇上前，一同冲杀过来。叛军还来不及拿起武器，就被迫与唐军来了个正面交战。唐军有备而来，士气高昂，叛军连连后退，战斗呈现出一边倒的局势。直到这时，史思明才明白自己中计了，悔恨不已。

原来，李光弼早在诈降之前，就命人日夜不停地挖凿地道，

庙堂真相

小心武将

李光弼军队粮食不足，写信给管粮草的官员穆宁要求发粮。穆宁不给，李光弼大怒，要杀了他。穆宁亲自来见李光弼，李光弼说："我率领几万兄弟为天子打仗，你竟然不给粮。人以食为天，军队以粮草为重，你不发粮，不是要让我的军队溃散吗？"穆宁说："天子派我管粮，你一封信我就给了？你要粮，我给；我要兵，你给不给？"李光弼明白过来，连连道歉。

一直挖到了敌军阵营。为了保证地道在挖掘过程中不塌陷，他又让人用木头支撑。直到这一刻，支撑地面的木头一抽开，敌营便逐渐塌陷，此时，曾经征战四方的叛军也和手无缚鸡之力的人一样，毫无招架的能力。

李光弼就这样凭借地道战守住了太原城，作为当时的名将，他为平定“安史之乱”贡献了全部智慧。

向历史借智慧

智慧是最强的力量

看冷兵器时代的战争，很容易对人类的智慧油然生出一种敬佩，那是一个大脑的力量远胜过蛮力和物质的时代，讲兵法、用谋略，谁能取胜，就看谁看得更远、想得更深，不像今天的战争，高科技武器一发射，胜负就定了。那时的战争也常常更戏剧化，永远不乏人的故事。

广平王复两京

公元757年，急于收复长安的肃宗集结大军，做好了准备后，他任命广平王李豫为统帅，打响了收复长安的战斗。唐军势如破竹，一直推进到长安城下。

李豫是唐肃宗的长子，这一次肃宗派他做收复长安的统帅，一来是想提振军中士气，二来也想让他锻炼一下。李豫和他父亲一样，怀念着长安城中的繁华安宁，更忘不了大明宫中的美景如画，所以这次收复长安之战，他是抱着必胜决心的。

双方在长安城外拉开架势，战斗开始。叛军那边首先出阵的是安禄山手下的猛将李归仁。他一马当先，挥舞着手中的武器冲杀过来，唐军这边连忙迎战。谁知素来勇猛的李归仁今天似乎状态不佳，没几个会合就败下阵来。他一边大声嚷嚷着回头再战，一边策马疾驰返回阵中。

唐军看他灰头土脸的样子，心中都大为振奋，叫喊着追过去。就在他们快追到叛军阵前时，刚刚还士气低迷的叛军突然发起猛

庙堂真相

枭雄死于儿子之手

安禄山凭着几分胆识和聪明劲儿，在唐皇的宠幸下做一方军政总管还可以，而一旦反叛唐朝、拥兵称帝，很多方面似乎就力不从心了，这不，他马上遭遇了对枭雄来说最郁闷的死法：757年，安禄山想立小儿子为太子，长子安庆绪先下手为强，杀了老爹，自己即位。

攻，急冲过来。唐军连声叫苦，这时才明白过来，刚才李归仁不过是佯装不敌罢了。但他们太过急进，现在想退也没那么容易了。

面对叛军的猛烈攻势，唐军边战边退，眼看就要阵脚大乱，在这危急关头，前军的李嗣业大吼一声："将士们往前杀呀！如果今天再不拼死一搏，我等都要身首异处了！"他怒目圆睁，策马冲在最前面，挥着武器就朝敌军身上砍过去。众人一看，不过眨眼的工夫他就斩杀了好几个敌兵。

唐军见将军身先士卒，勇猛无畏，全都稳住阵脚，在他的带领下重新排好阵形，如铜墙铁壁般继续冲杀。唐军士气如潮涨，刚刚士气如虹的叛军渐渐处于下风，叛军的正面进攻也开始失去作用。

这一次，唐军还借了不少回纥的兵力，所以在叛军突袭后方时，他们遭遇了仆固怀恩率领的回纥骑兵。回纥是马上民族，他们的骑兵战术非常高超。来偷袭的叛军遇上他们，那可真是倒霉了。骑兵们纷纷跨上战马，舞着大刀，大叫着投入战斗。剽悍的回纥骑兵在战场上飞驰，轻而易举地闯入敌方阵营，见人就砍，一个个杀得兴奋不已。

社会风情

从此不愿见"安"字

"安史之乱"给唐中央政府的打击太大了，唐朝皇室人人对安禄山都恨之入骨。肃宗皇帝因为安禄山，很讨厌听到"安"字。于是，京城街道、店铺有"安"字的，都改了。

另一边，大将郭子仪也率领所部有条不紊地作战。他纵观全局，指挥将士们奋勇杀敌。战场上处处是厮杀声，双方陷入混战，这场血战一直持续到了夜幕降临。

最终，安史叛军渐渐不支，相继撤退，唐军收复沦陷了十五个月的长安。

回纥的兵马跟着唐军进入了长安城。原来，他们这一次之所以出手援救，是因为肃宗答应收复京师后，他们可以任意劫掠城中的财富。李豫看他们迫不及待的样子，恨得咬牙切齿，但还指望着他们帮忙收复洛阳呢，只好忍下一口气。

李豫劝阻道：“当初许诺你们攻下长安和洛阳后，便让你们劫掠。如果你们现在动手的话，恐怕会扰乱民心，到时打洛阳就没这么容易了。诸位不如再等等吧。”

回纥的将士们听了，都骂骂咧咧，但听他说得有理，也只好暂时罢手。

没多久，李豫率领的大军继长安之后又收复了东都洛阳，唐军终于赢得了“安史之乱”以来最大的一场胜利。

洛阳城中的百姓们像长安城中的百姓那样欢欣鼓舞，夹道欢

庙堂真相

楼在人不在

安史之乱中，郭子仪功劳最大。郭家住的院子，宽敞无比，在里面往来要乘车骑马。一天，郭子仪准备外出，看见修筑院墙的工人，就叮嘱说：“你们要好好干活啊，可要把墙造得结实、牢固了。”筑墙工人直了直腰，回答说：“我筑墙几十年了，京城达官贵人家的院墙，都是我修筑的。几十年来，我只见到各家大院的主人不断地换来换去，院墙倒没变化，都安然无恙。”郭子仪听后深受震动，立即请求退休。

迎得胜归来的唐军。然而令他们想不到的是，前一刻还帮他们打仗的回纥人刚进城，就开始了肆无忌惮的抢夺。

百姓们叫苦连天，却又无可奈何。最后，众人筹集了很多金银珠宝和绫罗绸缎送给回纥人，他们的贪欲才暂时得到满足。

无论如何，这次收复两京的胜利的确是让体力不济的大唐吃了兴奋剂，后面的路虽然还很长，但大唐有信心走下去。

向历史借智慧

人生最痛苦的事莫过于……

“安史之乱”是唐朝的第一次大劫。大诗人杜甫曾亲身经历了“安史之乱”，还曾从叛军中一路逃到后方，回忆逃难生活时，他后怕不已，写下很多触动人心的诗句。战乱，对老百姓来说，永远是伤害最大的。今天的人会说，人生最痛苦的事就是“人活着，钱没了”；洛阳人民则会说，人生最痛苦的事莫过于“说唐军、盼唐军，唐军来了更凶狠”。

睢阳保卫战

睢阳地处今河南商丘，是黄淮平原的腹地，地理位置非常重要。公元757年，安禄山的儿子安庆绪派部将尹子琦联合同罗、突厥、奚等部族的十几万精锐兵力，进攻睢阳，睢阳军政长官许远惊恐万分。这时，睢阳治下的一个叫张巡的县长来到睢阳，与许远所率部众会合，决定宁死守城。这时，睢阳城里的兵将合在一起也不过六千余人，在对方十几万兵马前，不值一提。许远深深信任张巡的军事才能，就让他来指挥守城。一场异常艰苦的睢阳保卫战开始了。

张巡做人非常正直，当初，杨国忠在朝中最红的时候，有人劝他去拜拜码头、疏通下关系，张巡大义凛然，坚决不干这种投靠权臣的勾当。但这个人直则直矣，打起仗来却很狡猾，很懂得兵不厌诈的道理。

一天晚上，守城的士兵半夜里突然敲起战鼓来，城外的叛军听到鼓声都很慌乱，以为城里的人要来打仗了，连忙从睡梦中挣

名臣风骨

张巡守城

张巡（708—757），官职不高，科举出身，却精通兵法。据说他曾"草人借箭"：守雍丘时，一天清晨，叛军见城上隐约出现成百的士兵，从城上沿绳索往下爬，似乎要来偷袭，便纷纷放箭，等到天色大亮时，才发现墙上挂的全是草人，草人身上早已经插满了箭。几天后，清晨时又有成百的士兵从城上往下爬，叛军见了，心想又来骗我们的箭了，不给！不料这次却是真的士兵，叛军还在发呆，对方却举着大刀杀过来了。

扎着起来，拿刀拿枪，摆开阵势，准备迎战。哪知一直等到天亮，也没有看见守军出战的踪影，士兵们这才明白：上了张巡这家伙的当了。紧绷了一夜的心放松下来后，他们就纷纷丢盔弃甲，倒头大睡。张巡瞅准对方松懈这个时机，和雷万春、南霁云等十几名将领，各带着五十名骑兵，同时从各个城门冲出来，奇袭敌营。叛军没有准备，方寸大乱，这一回合，叛军稀里糊涂地就损失了五千多人。

当然，光靠睢阳城里的这点兵力，不可能一下子打跑对方这十几万大军，张巡玩一点这种小计谋，也就是打击一下对手的士气，造成一些混乱，算是教训一下对方。如果对方觉得这仗打得心烦气躁、没什么好处，也许就会自动撤走了。

就这样，张巡率领着将士日夜苦战，有时甚至一天迎战二十余次，城中的将士越战越勇，士气高昂，十六天下来，叛军竟然损失了两万多人。尹子琦一看，形势不利呀，于是真就带着大军撤退了。

不过，睢阳城太重要了，不打下来不行，两个月后，尹子琦与前来支援的兵力会合后，又率领大军前来攻城了。张巡很明白，

庙堂真相

既降又反史思明

757年年底，叛军的头号将领史思明，因为"二世主"安庆绪的猜忌，降唐；然而，唐中央显然也缺乏可以接纳史思明的好领导，第二年，史思明不得不再反。再一年后，史思明杀了安庆绪，自己称帝。既然遇不着一个好领导，史思明就只好自己做了领导。

这次敌人是下了决心，不打下睢阳不罢休。这次卷土重来，情况恐怕要比前一次凶险得多。好在城里军民团结一心，愿意誓死保守城池。

这场艰苦而漫长的守城战再一次展开，尽管张巡屡出奇兵，睢阳城的坚守仍然日益困难。城外叛军的数量越来越多，粮食物资也源源不绝；而城内的士兵越来越少，粮食物资更是匮乏。

到了后来，城中能吃的东西都被找来吃了，就连树皮、纸、铠甲、弓箭上的皮子，也被拿来充饥。但是没多久，城中所能吃的东西都吃完了。

饥饿是最恐怖的力量，接下来发生了让现代人大惊失色的一幕：人不能不吃东西，于是，张巡先是献出自己的爱妾，将她杀了，煮熟后分给众人吃。他对将士们说："我现在杀了我的爱妾来犒赏你们，就是希望大家能竭尽全力为大唐百姓守住睢阳城。只恨我尚未报效国家，不能自割肌肤来犒劳大家，现在以我的爱妾代替，希望大家至此一心无二，专心守城。"将士们听了都不忍心吃。张巡见状，强令众人都得吃这碗肉。

但这不过是杯水车薪，接下来，张巡命令：将城中的妇女、

野史秘闻

面和心不同

早年，安禄山打契丹，大败，就杀了几个部下泄愤。部下史思明害怕，逃入山中，过了十多天才下山。安禄山看见他，很高兴地说："你回来我就没有担心了。"史思明嘿嘿一笑，退出来对旁人说道："早跟在他身边，恐怕已成了刀下鬼了。"

老幼弱残尽数杀了，分而食之。据说，在整个睢阳之战中，被吃掉的人数达到了三万。

在守城期间，张巡曾派部下南霁云率领三十名骑兵冲出重围，去临淮讨救兵。此时临淮的守将叫贺兰进明，他一来害怕叛军，二来一直嫉恨张巡的名声，在南霁云来求援时，他绝口不提借兵之事，还设了酒宴试图拉拢南霁云。

南霁云气愤不已，怒骂对方："我从睢阳城中出来时，城中的人都一个多月没吃东西了。你们这些人却在这里花天酒地，我岂是同流合污之人？"说着，他抽出佩刀削断了自己的一根手指，以此明志。

最后，只有驻守真源的李贲援助了百匹战马，宁陵的守将给了三千士兵。南霁云带着这些兵马回睢阳城，等到冲出敌军的阵营进到城里时，三千士兵也只剩下一千多人了。

最终，叛军攻进了城，张巡、南霁云等三十六名将领被俘，叛军威逼张巡等人投降。张巡朗声对南霁云说："南八，不要屈服于这些不忠不义之人，大丈夫死则死矣，要无愧于天地！"

南霁云仰天笑道："有您这句话，南八岂敢不从？"最终他

社会风情

别让俗人脏了门槛

薛保逊是贵族子弟，才高位重，喜欢品评人物，影响很大，几乎可以左右一般官员的升降，当时人都称呼他"浮薄相国"。他的老婆卢氏，和他品行相近。一次，叔父薛监来看他，卢氏出来见礼。也许是觉得这叔父不够品格，等客人一走，卢氏立即叫人冲洗门槛。

们都因为拒绝投降而遭杀害，另一长官许远也在被押往洛阳的途中遭杀害。

睢阳城保卫战至此画上了句点。在这场战役中，城中的将士们共计杀死敌将三百人，叛军十多万人。守城的惨烈终于为唐军争取到有效时间。正是由于这次死守，江淮地区得以平安无事，而张巡也成为“安史之乱”时期的英雄。

向历史借智慧

给自己设一条做人的底线

宁做太平犬，不为乱离人，睢阳城之战以其令人印象深刻的方式，再次申明了这样一个道理。吃掉三万人，是为了保护更多的人，这样的逻辑在今天已经没有了说服力。无论张巡守城这事怎么争论，吃人总是不好的。我们不是天使，也不是圣人，生活中难免会有些杂念，但，请给自己设定一条底线吧，那完全应该是一条比“不吃人”高得多的底线。

唐玄宗之死

肃宗做皇帝前，宦官李辅国忠心拥戴。肃宗即位后，对李辅国自然是信任有加，并委以重任，其权力水涨船高。肃宗夺回长安后，就把远在四川避祸的玄宗接了回来。大唐的国都再一次回到李氏皇族的手中，但太平盛世已经远去，朝廷中的多方势力开始蠢蠢欲动，其中就包括李辅国。

玄宗重回长安后住在城南的兴庆宫，李辅国莫名其妙地开始欺负李隆基。一天，他带上兵马来见玄宗，说要请他到太极宫游玩。

玄宗骑着马走到半路，猛地觉得肚子痛。李辅国二话不说，马上命自己带来的人马冲上去拦住玄宗。他走上前倨傲地说："太上皇住的兴庆宫太小了，陛下有旨，让您去太极宫住住，这样也好有些照应。"

玄宗年老体迈，看到眼前的太监竟敢对自己颐指气使，心中又怒又气，险些从马上摔下来。高力士一直随行在旁，见状连忙上前呵斥李辅国："太上皇曾经贵为天子，你不过是一个小小的

庙堂真相

男人如何保护好自己的女人

762 年，唐朝两个皇帝接连去世：玄宗和肃宗。这一对父子生前没多少相似之处，死的时候却挤到一起来了。还有一点，作为男人，他们都没有保护好自己的女人：在马嵬驿，玄宗被逼缢死了杨贵妃；在长生殿，肃宗眼睁睁地看着自己的皇后被手下人抓走、处死。这一年，还有一个重要的男人去世了，他叫李白，诗人。

太监，怎可无礼？还不速速下马？”

李辅国没料到会有这一出，一下子怔住了。等到他下了马，又觉得高力士冲撞了自己，心中顿生恨意。他憋着火，冷笑一声，抽出宝刀，一刀将高力士身边的小太监砍死。他冷笑道：“高公公，事到如今，您怎么还看不清眼前的局势呢？”

高力士假装看不清，挺着胸膛，怒喝众侍卫收刀下马。要知道高力士是个见过比这大得多的场面的人，侍卫们被他的气势镇住了，纷纷放下武器。见局面稳定下来，高力士又怒目盯着李辅国，让他为玄宗牵马。论气势，李辅国也自矮了一头，只好和他一块儿牵着马，把玄宗送到太极宫。

从这以后，玄宗就住在了太极宫。没多久，高力士被流放到湖南去了。一年多以后（762 年），已经是风烛残年的玄宗就在孤寂中与世长辞了。当时肃宗也身染重病，听闻这个噩耗痛哭不止，病情也更加严重了，朝中的多方势力开始蠢蠢欲动。

跟李辅国对立的张皇后暗地里联系太子，希望两人联手，趁此机会除去李辅国。太子胆小怕事，拒绝了张皇后。皇后退而求其次，找到了肃宗的次子李系。李系有勇无谋，他跟张皇后商议

野史秘闻

福当如是爱惜

肃宗李亨当太子时，一次陪玄宗吃饭，玄宗让李亨把一只熟羊腿切了。李亨切完羊腿后，手上沾满了油，就随手拿起一张饼，当擦手的抹布，把手擦干净。玄宗在一边看着他，有些不高兴。李亨也察觉了，装作不知道，擦完手后，拿起饼慢慢地把它吃了。玄宗这时才开心，对儿子说：“不可浪费，福就要这样来爱惜！”

好后，居然找了跟李辅国同样出身的两百多个太监，号召他们一块儿动手。很快，李辅国就从那些太监口中知道了消息，在张皇后一伙人还蒙在鼓里的时候，太子和李系一干人马都被他抓住了。

张皇后听说后，吓得花容失色，立刻跑进了肃宗的寝宫。她一进门，就匆匆跪倒在地，边哭边说："陛下，那李辅国要来抓我了。臣妾如今别无他法，只好来投奔陛下，万望陛下看在夫妻多年的分上，救臣妾一命吧。"

肃宗看见她梨花带雨的模样，心生怜惜。他把张皇后叫到自己身边来："你既然求朕，朕又怎会置之不理呢？待会儿李公公进来，我替你说说就是了。"

张皇后正要跪下谢恩，李辅国就带人气势汹汹地冲进来。还不等肃宗开口，他就直接冲上来，一把揪住张皇后的头发，让人把她往门外拖。张皇后又哭又叫，一路挣扎，口中不断哀求："陛下，陛下，快救救臣妾吧。"

李辅国看肃宗想阻拦自己，就抢先喊道："陛下好生养病吧。这个妇人今日就交给我等处置了。"他神色阴冷，直勾勾地瞪着肃宗。

名臣风骨

军事参谋李泌

"安史之乱"中，李泌是肃宗最重要的谋臣。李泌年轻时和肃宗交情很好。肃宗即位后，想授予李泌官职，李泌拒绝，说道："皇上待我以朋友之礼，这比宰相还要好。"就以朋友身份待在肃宗身边。肃宗外出，李泌陪伴一边。百姓指着两人说道："穿黄衣服的是圣人（皇帝），穿白衣服的是山人。"李泌一直受朝臣排斥，直到唐德宗时才得以拜相。

张皇后的哭闹声逐渐远去，肃宗气得跌坐在床，惊得出了一身冷汗。他心中怒恨交加，气结于心，明明有一肚子的话，却突然连一点声音都发不出来了。李辅国也不再逗留，草草行了个礼，就径自拂袖而去。

霎时，刚刚才经历了一场惊心动魄事件的偌大寝宫，只剩下了肃宗一人。这个晚上，宫中风波不断，竟没有一个人来看看肃宗，也没有人知道他是如何度过这样一个夜晚的，直到第二天早上，才有人发现，他已经死在了长生殿中。

唐朝的两个皇帝就这样接连驾崩了，他们死时都凄凉无比，而他们身后的大唐帝国也如落日一般，逐渐西沉了。

向历史借智慧

拔了毛的凤凰不如鸡

看着似乎全是奸人李辅国在欺负退休皇帝李隆基，其实，给李辅国以如此大的权力的，正是李隆基的儿子、当今皇上肃宗。在任何朝代，同时出现两个皇帝的话，那绝对是谁也别想睡个安稳觉，给玄宗搬家，包括后来赶走高力士，可以说都是肃宗想让自己睡个安稳觉而做出的举动，至于训斥玄宗，不过是李辅国的临场发挥。拔了毛的凤凰不如鸡，所以人都要努力别让这一幕发生，万一发生了，与其让领导“不放心”，不如自己主动让领导“放心”。

李辅国之死

肃宗死后，李辅国在宫廷政变中胜出，辅佐广平王李豫登上皇位，是为唐代宗。这一年是公元762年。

代宗即位后，因为李辅国有功，就圆了他多年的宰相梦。其实李辅国很早就想做大唐的第一位宦官宰相了。肃宗在世时，有一个叫萧华的宰相极力反对此事，李辅国为此恨得咬牙切齿。从那以后，萧华屡遭陷害，被李辅国用奸计逐出了长安。

现在李辅国得偿所愿，手中又握有兵权，更加趾高气扬了。他觉得代宗能有今天都是他的功劳，所以在朝中越发肆无忌惮，骄横跋扈。

一天，李辅国陪着代宗聊天，突然对代宗说："陛下，您现在只要待在宫中享福就行了，朝廷中的大小事就交给老奴来处理吧。"

这句话从李辅国口里说出来，虽然语气平常，跟聊家常似的，但在代宗听来，却如一声惊雷，震得他怒火中烧。代宗不动声色

社会风情

御史这味药

有个官员侯味虚，写了一本书《百官本草》，仿照《本草纲目》的形式介绍官职的药性及功用。其中"御史"一项是这么写的："大热，有毒。主除邪佞，杜奸回，报冤滞，止淫滥，尤攻贪浊……服之，长精神，灭姿媚。久服，令人冷峭。"大意是：御史这味药，功用包括除贪官污吏、帮人申冤、纠正社会风气；产地主要在雍州、洛州，其他地方若有出产的，更是上品；经太阳曝晒，又干又硬的尤其好；药效，吃了可以长精神，有骨气，长期服用，可以令人刚正无私。

地回道："李公公为国操劳，今后朕还要多多仰仗你了。现在公公既然开口，这朝中的大小事就劳你费心了。"

李辅国看代宗不怒也不拒绝，这么爽快地就答应了，不由得大喜过望。他笑呵呵地回道："陛下放心吧，老奴一定会尽心办事的。"从这之后，代宗为了打消他的疑虑，又拜他为尚父。

代宗果然遵守承诺，朝廷里面的大小事都一一交给他去办。一时间，李辅国权势滔天，无人可比。时间长了，群臣都唯他马首是瞻，而代宗无论何时都对他以礼相待。李辅国渐渐得意忘形起来，不再像以前那样防备代宗了。

代宗皇帝决定对李辅国发动攻击，攻击方略为：去皮见骨。他对李辅国说："你现在身兼数职，太操心了。"李辅国很感动，代宗顺势把他的行军司马和兵部尚书职务撤销，由程元振兼任，并要程元振给李辅国施加压力，让他交出禁卫军司令的职务。李辅国不敢有太大的动作，只好向代宗哭诉。代宗却告诉他："皇宫如果你住得不习惯，那就搬出去吧。"李辅国大为震骇，他只好使出最后一计——以退休来要挟代宗。这是一步臭棋，代宗捉住这千载难逢的机会，免了他的中书令（宰相）和近卫军司令的

名臣风骨

好官可护一方百姓

高宗时，杨德干在首都郊区县当县令。有个宦官仗着皇帝的宠信，在野外放鹞子玩，踩坏了农民的庄稼。杨德干就把他抓起来，打了二十棍子，又把鹞子的头砍下来了。宦官光着背跑回家，向高宗哭诉，高宗说："你们知道这家伙难惹，还去侵犯他的百姓干吗呢？"

职务，封他为博陵郡王，让他在初一和十五的时候来朝见。李辅国心中惶惶不安，却又不知道该怎么办。

朝中的官员知道他失势后，都奔走相告，争相庆贺，李辅国见了，心中更是惆怅。有一天，他想进中书省去办事，结果被守门的小吏给拦住了。那守门的小吏以前见到他都点头哈腰，今天却只是随意行了个礼，冷淡地说："尚父如今不是要皇上免了你的官了吗？既然如此，还进去做什么？"

李辅国气得浑身发抖，好半晌才颤巍巍地说道："看来老奴如今是伺候不了皇上了，倒不如让老奴追随先帝而去。"他言辞激昂，代宗听到后就出来宽慰了他几句，让他回家休息。

此刻，李辅国绝对想不到，他一时的气话竟然成了真。在一个深夜，有盗贼持刀闯进李府，把李辅国的脑袋割了下来，扔进了茅坑，李辅国时年五十九岁——明白人都知道"盗贼"是怎么回事，雇主又是谁。

李辅国死后，唐代宗给他用最粗糙的木料制作了一颗头颅，安装在他的尸体上。李辅国得偿所愿——追随先帝去了。

向历史借智慧

越是领导没权的时候，越要体现领导的重要

一个人无论多么能干，可以以破纪录的成绩完成领导交代的工作，也可以替领导把所有工作都完成得好好的，甚至可以帮领导削苹果、替领导接听手机，但有一项内容绝对不能碰，那就是替领导签字。要是连签字这项你都替领导干完了，那还要领导干什么？李辅国其实就是动了领导的签字权，同时断了自己的退路：要么自己取代领导，要么被领导整死。他的结局是后者。正确的做法应该是：越是领导没权的时候，越要体现出领导签字权的重要。那是他的命根子。

史朝义“要饭”

在唐朝中央政府动荡不安的时候，叛军这边也在“改朝换代”：公元761年，史朝义在父亲史思明背后捅了一刀，从而让自己当上了大燕皇帝。但他还来不及享受好日子，叛军就屡遭惨败，史朝义离四面楚歌的日子也越来越近了。

763年，史朝义被唐军围困在莫州。迫于形势，他终于决定背水一战。下属田承嗣上前诚恳地劝道：“幽州的李怀仙还有五万兵力，现在形势危急，陛下不如带精锐前去联络，到时我们里应外合，唐军哪会是对手？”

史朝义沉思许久，觉得这意见可取，就爽快地答应了。当天夜里，他带着五千精兵准备出城。临行前，他把莫州的一切事情都交托给田承嗣，握着他的手说：“莫州这边就有劳将军了。待朕回来再与你把酒言欢，把唐军杀个片甲不留。”

田承嗣眼含热泪，跟他依依惜别，并向他承诺自己一定会守住莫州，等他回来。史朝义强忍悲痛，转身跨上战马，又对田承

庙堂真相

枭雄再死于儿子之手

757年，“安史之乱”中的“安”（安禄山）被儿子安庆绪杀死；几年之后，761年，“安史之乱”中的“史”（史思明）也死于自己的儿子史朝义之手。两个大枭雄，结局如此相似，真是可笑又可悲。

嗣再三嘱托：“朕这一家子上百口的人命，今天就全托付给将军了，还望将军好生照看。”

田承嗣忙弯腰跪下，边哭边说：“陛下放心吧，臣就是死也不会让唐军伤他们一根汗毛的。”

史朝义安心地点点头，就领着五千精兵飞驰出城。田承嗣淡淡地看了一眼远去的史朝义，就站起身来让人召集城中的所有将领。

当大家都到齐后，田承嗣就朗声道：“我们随安、史二人起事以来，一路烧杀劫掠，罪孽深重。今天唐军围困在这儿，怕是到了我们该还命的时候了。现在我决定出城投降，这样或许还能逃出生天，你们可有人愿意跟我一起出降，求唐军饶我们不死？”

其实叛军屡战屡败，大家早就有投降之意，现在听到田承嗣这么说，纷纷答应了。接着，众将士就派人到城楼上去告诉唐军史朝义出城的消息，喊道：“史朝义已经带兵逃跑了，你等还不去追吗？”

唐军开始还不相信，田承嗣就把史朝义的全家老小押送出城，说是诚心投降。

野史秘闻

双手都全了

“安史之乱”中，李忠臣兵力不支，不得不伪降史思明。史思明很看重李忠臣。李忠臣投降后，史思明高兴坏了，说道：“我原先只有左手，有了你，就有了右手——现在双手都全了。”

莫州就这样轻而易举地重回大唐手中，史朝义的逃亡之路也来临了。眼看唐军追击，史朝义吓得一刻都不敢停歇，一路跑到了范阳。他带着士兵停在范阳城外，终于松了一口气。他觉得范阳现在仍然是大燕的领土，而且这里离幽州也不远了。等到了幽州，重结大军再战，或许还有一线生机。

驻守范阳的是将军李怀仙和部下李抱忠，其实他们早在数天前就投降大唐了。史朝义的军队没能进入范阳，迎接他们的是紧闭的城门。

这一下，史朝义再也抑制不住心中的恐惧。他们一路走来，筋疲力尽，饥渴难耐，身后有紧追不舍的大唐骑兵，前面或许还有一座座已经投降的城池，真正是上天无路入地无门了。士兵们更是惊恐不安，有的甚至吓得哭起来。

史朝义哀痛地下了马，向城上的将士诉说一路来的艰辛，恳求他们就算不肯打开城门，至少也送一些吃的出来。他一身狼狈，早已不复当初的英勇，穷途末路的哀伤和绝望终于让城内的将士心生不忍。

将军李抱忠让人送了饭食给他，史朝义食不知味，仰坐在地上，

野史秘闻

百官何日再朝天

“安史之乱”时，王维来不及逃走，被安禄山抓住，押到了洛阳，还给了官做，让他为新政权服务。但王维身在洛阳，心系李唐。安禄山一次宴宾凝碧池，召来各种乐工奏乐。王维也出席了宴会，看到这些很伤心，回家后作诗道：“万户伤心生野烟，百官何日再朝天？”安史之乱结束后，很多曾在安禄山手下做官的人都被朝廷处死，但因为这首诗，王维得以赦免。

许久才长叹一声："田承嗣害了我呀！"说完，泪流满面。

史朝义等人吃完东西后，士兵中有是范阳人的，就陆陆续续地进了城回家，不再追随史朝义了。史朝义看着众人离去的背影，脸上的泪痕未干，哀叹道："天要亡我！"

然后，他飞身上马，领着残兵继续逃亡。前方面对他的依然是座座紧闭的城池，希望之后又是绝望。不久，走投无路的史朝义在万念俱灰中上吊身亡，"安史之乱"终告结束。

向历史借智慧

世袭制度害死人

常见做皇帝的一家人互相砍砍杀杀、血流成河，却很少有做官的人家夫妻反目、父子相残或兄弟拼杀，分析起来，都是世袭制度惹的祸：做官的，即使贵为宰相，因为不存在世袭的可能，家里人即使要争，也只能争家产而不是争相位，家产好分，所以不必要动刀动枪；而皇帝是可以世袭的，皇位只有一个，没法分，所以容易发生兄弟叔伯一齐上，拼个你死我活的情形。战争还没胜利，一家人已经乱起来了，父子相残，真是悲剧！

代宗出逃

广德元年（763年）十月的一天，京城长安突然收到一封急报：吐蕃军队攻打大唐，一路横行无阻，前锋已到邠州（今陕西彬县）。

代宗魂飞魄散，好半天才魂魄归窍，怒道："吐蕃远在千里之外，为何前几日还相安无事，今天就到了邠州？莫非吐蕃人会飞不成？"他又怒又急，一时除了痛骂竟也无可奈何。

后来经人一查，原来是近卫军司令程元振搞的鬼。程元振是宦官，曾经和李辅国一同拥戴代宗做皇帝。李辅国死后，他就取而代之。吐蕃在九月入侵，边境那时就已经告急，程元振明明得到消息，却隐瞒不报。

代宗暴跳如雷，可又不舍得杀程元振，急忙诏令各地的节度使、将军出兵勤王，但发出去的命令就如石沉大海，过了很久都没有兵马前来。

吐蕃的军队越来越近，势单力薄的唐军已经无力阻挡。消息很快传遍了整个朝廷，大臣们惊恐不安，一想到身后的吐蕃军，

庙堂真相

大唐的官难做

764年，大将仆固怀恩不堪同僚的猜疑，举兵反。细看历史，似乎代宗皇帝本人对他还是蛮同情的，并把他母亲接到长安好好照顾着，随时希望仆固怀恩"放下屠刀"，回归组织。但这时的大唐，皇帝早已不具备绝对权威，仆固怀恩终究不敢拿自己的脑袋去赌一把，两年后，死于乱兵中。

再也镇定不了了。他们纷纷劝代宗出逃，先避过这次劫难再说。

代宗看着底下一帮恐慌的大臣，心中百感交集，许久才说：“走吧，出长安。”话一出口，群臣都松了口气。

皇帝既然开口要走，大臣们也按捺不住，都匆忙回家，携家带小，跟着代宗逃出了长安。偌大的京城一时间如炸了锅，人们四处奔散，走的走，逃的逃。

前一天还繁华热闹的街道，此刻成了踩踏现场。“安史之乱”刚平定没多久，代宗就因为程元振隐瞒军情，茫茫然做了大唐帝国第二个逃出长安的皇帝。程元振的奸恶狠毒比李辅国有过之而无不及。他曾经想笼络襄阳节度使来瑱，以巩固自己的兵权。来瑱素来忠肝义胆，就严词拒绝了他，程元振因此怀恨在心。后来，他竟使计陷害来瑱，跟代宗说这人意图谋反。代宗信以为真，就把来瑱杀了。朝中因为得罪过他，最后招来祸害的大臣比比皆是。而程元振也越来越放肆嚣张，终于酿成了吐蕃入侵长安的惨剧。

代宗前脚刚走，吐蕃的军队就浩浩荡荡地开进了长安城，“安史之乱”时的悲剧再次上演。

吐蕃军毫无法纪，只知大肆劫掠、毁坏房屋、残杀百姓，长

庙堂真相

逃难何须良辰吉日

吐蕃打到京城，代宗征兵护卫。李忠臣一干人正在大摆宴席，使者到了，李忠臣集合部队命令出发。将领们说：“挑个好日子再出发吧。”李忠臣大怒，说道：“皇上有难，还挑什么良辰吉日？赶紧走！”

安又一次沦为了战争的牺牲品。这些吐蕃人威风凛凛地进入大明宫，找了广武王李承宏做皇帝，还设置了百官，俨然新成立了一个傀儡朝廷。另一边，仓皇逃走的代宗一路逃到陕州才停下来。当时，鱼朝恩率领他手下的神策军和陕州驻军前来护驾。代宗本来十分惆怅哀伤，见到鱼朝恩带军而来，心中充满了感激。

唐代宗在陕州期间，神策军全力护驾。从这时起，这支军队逐渐成长为唐朝后期的主要禁军，而鱼朝恩也借机成为程元振之后又一个专权的宦官。

向历史借智慧

才赶走鬼，又来了瘟神

国家命运已不由皇帝做主，大唐皇帝面临的是一道又一道的难题：选这个宦官，还是选那个宦官；选军阀甲，还是选军阀乙。选来选去，结果就是：利用小坏蛋打败了大坏蛋，小坏蛋就成了大坏蛋，然后又利用新的小坏蛋，再去打新的大坏蛋……如此循环，没完没了。这不，刚解决了李辅国，又出来一个程元振，后面还跟着一个鱼朝恩。大豪杰李世民的子孙，就在一个接一个的梦魇中煎熬。做人一定要自强，自强才是硬道理。

单骑入敌营

大唐的名将如群星般璀璨，他们为帝国立下了无数的丰功伟业，而郭子仪正是其中之一。他单骑退回纥的故事，至今听来仍令我们热血沸腾。

公元 765 年，郭子仪奉代宗之命，率领一万兵力来到泾阳，准备击退围攻这里的吐蕃、回纥的三十万大军。

唐军刚一到达，就被敌军重重包围。吐蕃与回纥士兵是野兽与人的组合，善战而有智慧，唐军见到这么多野兽，浑身发抖。

郭子仪不慌不忙地让各路士兵坚守阵地，亲率两千骑兵四处侦察敌情。他身材魁梧，气势威严，回纥军中很快就有人发现了他。大家都好奇地询问他是谁，经查证，发现此人竟然就是大名鼎鼎的郭子仪。

众人惊呼不已："郭令公（对郭子仪的尊称）不是死了吗？我等听说大唐的皇帝和令公都相继辞世，才跟随仆固怀恩来打大唐的。"

郭子仪知道后，就派人前去传话："大唐一向跟回纥交好，

庙堂真相

郭子仪功劳太大

代宗去世，全国禁止屠杀。但郭子仪家有喜事，仆人杀羊庆贺，监察官裴谞因此上奏弹劾，得到了德宗称赞。有人说："郭公功劳巨大，这么点小事怎么不包庇一下？"裴谞笑道："你是个不懂事的人。郭公名头正大，皇上刚即位，害怕的就是功高震主。现在用点小事来提醒他，既让皇帝开心，同时也表明郭公没有恃权凌人，不是更好吗？"

现在你们竟然忘记前情，妄图来攻打大唐。现在郭令公来了，莫非你们还要继续跟我们交战？”

回纥的首领半信半疑，就回道：“我们回纥并没有恶意，退兵也是可以的。倒是你们说郭令公没死，既然如此，我们可以有幸见见他吗？”

使者带回口信，告诉郭子仪回纥那边的人想见见他。郭子仪呵呵一笑：“这有何难？老夫就去他们营里走一遭。”身边的将士们听了，连忙阻止他，都说其中有诈，如果郭子仪前去，无疑是自寻死路。郭子仪摆摆手，说道：“现在大军压境，虽然吐蕃、回纥各自为营，但我等只有一万兵力，以少胜多简直是难于登天。况且老夫曾跟回纥有并肩作战的情谊，倘若现在单骑去会他们，他们多半会被老夫的诚意打动。”

底下的将士们虽然觉得他说得有理，但一想到他一个人走进敌营，如果回纥那边存心加害，他哪里有命逃出来？郭子仪的儿子冲上来拦住他，哭着劝道：“回纥毕竟是蛮夷，何况他们现在兵多将广，父亲大人若是稍有差池，您让我等怎么能够心安哪！”

郭子仪飞身上马，朗声道：“哪来这么多废话！我意已决，

名臣风骨

人生完美郭子仪

郭子仪有大功，能不被害，全在他为人退让。皇帝一有诏书，他接诏就上路，从不犹豫。宦官鱼朝恩挖了他父亲的坟墓，郭子仪向皇帝请罪：“我带兵打仗，不能约束士兵，让他们挖了别人的坟。现在我父亲的坟被人挖了，这是上天给我的报应啊。”史官裴垍称赞他：“权倾天下，但没人对他说三道四；功劳极高，而皇帝不怀疑他；穷奢极欲，谏官们却找不到弹劾的理由。”

你们只管备好酒菜等我回来便是。”说完，策马而去。

回纥那边看到有人过来，连忙让士兵摆开阵势，做好迎击的准备。郭子仪见了，索性丢下武器，摘了头盔缓缓上前。回纥的首领这才看清是郭子仪前来，就赶紧让士兵撤下武器，亲自上前迎接，欢喜地跪拜在地：“果然是令公，能再见到您真是太好了。”

郭子仪将对方扶起来，和他们一同进帐饮酒。双方在席间相谈甚欢，郭子仪还和他们结下盟约，和好如初。之后，他又对回纥人说：“吐蕃本来跟我们大唐交情深厚，但现在竟背信弃义，轻率出兵。我大唐忍无可忍，现在想和你们回纥联手，狠狠地教训他们一番，不知你们愿不愿意？”

首领们一听，都喜出望外。当时吐蕃国势强盛，牛羊遍地，回纥人早就心痒痒了。现在大唐既然邀请自己一同攻打吐蕃，他们又怎会不答应呢？

后来，吐蕃的将领听说了双方结盟的事，觉得形势有点不妙，就想连夜撤回去。结果唐军这边和回纥联手，在后面紧追不舍，吐蕃逃跑不及，被打得落花流水。这一仗就因为郭子仪单骑闯敌营，以非人的气魄为大唐赢得了盟友，终于使吐蕃大败而逃。

向历史借智慧

一个好名声比一百万更有价值

其实郭老爷子想得很明白：打是打不过的，能私下解决最好，既然跑到人家那里去喝茶，带多少人去跟自己一个人去区别不大，何必让大家都陪葬呢，不如给回纥人省点酒省点肉吧。不料回纥人还真惦记着从前的友谊，不仅跟唐军化干戈为玉帛，而且愿意搭一把手，帮忙赶走另一个入侵者，这个面子给得真是够大。可见，一个好名声抵得上百万雄兵，而在今天这个传媒比唐朝的发达了不知多少倍的时代，一个好名声比一百万美元更有价值。

谋杀鱼朝恩

要找小人得志的样板，代宗朝的鱼朝恩就是。当年代宗出逃时，鱼朝恩带兵勤王，这次雪中送炭的举动让他成为皇帝的红人，从此，他权势滔天，骄横无礼。到了后来，代宗都奈何他不得。

有时候朝中事务繁忙，来不及一一向他汇报。他知道后就大发雷霆，竟口出狂言，大声嚷道："这天下间的事难道还有离得了我的吗？"这句话很快传到了代宗那里，他听到后顿生厌恶，脸色也沉了下来。从这以后，代宗越发看鱼朝恩不顺眼了。

一天，鱼朝恩的养子令徽跟同僚起了冲突，就跑去鱼朝恩那里告状。当时令徽因为年纪不大，朝廷给他的官职还比较低，穿的也是绿色的官服。鱼朝恩见到他委屈的模样，就对他说："放心好了，明日义父就为你讨个官做。"

第二天，鱼朝恩就去面见代宗，对他说："臣的儿子官位低下，常被人欺负，我很是心疼啊。"代宗看他皱着眉头叹气，就压下心中的不耐烦，宽慰了他几句。

庙堂真相

鱼朝恩、元载争权

鱼朝恩会讲《五经》。一次给大臣讲《易经》，讲到鼎卦，说这卦有鼎倒食物洒出的意思，以讽刺宰相。宰相王缙听了怒形于色，元载则平静带笑。鱼朝恩说："发怒是人之常情，微笑就有点深不可测了。"元载一听，恨上了鱼朝恩。

鱼朝恩又说："不如陛下升他个官吧。他年纪轻轻，如果能穿紫色的官服，这样一来，在同僚中哪还有人敢欺负他？"

代宗一听，心中顿时起了把无名火，只是碍于形势不好发作。他定了定神，正要开口说话，却已有人抱着一身紫衣上殿。鱼朝恩看见紫衣被呈上来，忙让令徽上前谢恩，令徽眉开眼笑地依言而行。

代宗眼见木已成舟，不怒反笑，还温和地赞道："令徽年纪小是小，但朕看他穿上这身衣服倒正合适。"鱼朝恩见代宗并没有要阻拦的意思，心中更加得意了。然而他不知道的是，一场由代宗授意、宰相元载策划的刺杀行动正悄然展开。

大历五年（770 年）三月十日，因为这一天是寒食节，代宗特意在宫中宴请群臣。等到宴会结束，他专门留下鱼朝恩，说有政事要商量。

当时鱼朝恩在上朝处理政事的时候，都会专门乘坐一辆小车。在两人还没说上话的时候，外面就传来了车轮声。代宗正襟危坐，突然怒道："大胆鱼朝恩，你想谋反吗？"

鱼朝恩心中一凛，随即镇定下来，轻嗤道："皇上这是说的

野史秘闻

情愿痛快死

鱼朝恩死后，元载权倾朝野，后因贪污受贿被处死。临死的时候，跟行刑的人说："砍头的时候，请你快一点。"行刑的人脱下臭袜子，塞进元载的嘴里，说："您老以前生活水平过得太高了，今天吃点污泥，应该不会怪我吧。"元载的妻子王氏说："我是堂堂四省军区司令员的女儿，十八年宰相夫人，如果把我罚为奴婢的话，我宁愿死，反正这一辈子活得也值了！"于是也被处死。

什么话？老臣一直为朝廷尽心尽力，哪来的谋反？”

代宗看他态度傲慢，开始一一指出他的罪行。鱼朝恩几次打断代宗，大声辩解，到后来已有些恼怒。此时，他心中也觉得奇怪，素来和颜悦色的代宗今天怎么变了个人呢？尽管如此，他也没觉得有危险逼近，因为宫中的禁军侍卫等大多受他掌控。

代宗看他言辞不逊，终于怒喝道：“来人哪，把这个逆贼拿下！”一声令下，早就潜伏在四周的士兵们猛地蹿出。

鱼朝恩大惊失色，定睛一看，领头的居然是自己的心腹周皓。这个周皓一直是他身边的亲信，鱼朝恩平时出门都会带上一百人作为护卫，而周皓就是他们中的首领。他千算万算都没料到，眼前的心腹早已被元载收买，答应共同参与这次的行动。

这时的鱼朝恩才彻底意识到问题的严重性，可他还没来得及逃跑，眼前的士兵们就已经冲上来把他抓住。他本想反抗呼救，但还没发出一丝声音，脖子上就已被套上白绫，随着呼吸越来越困难，他的挣扎也越来越弱。片刻之后，鱼朝恩与世界永别了。代宗命人暂时封锁了消息，直到安抚好他在朝中的势力后，才对外说他已经上吊身亡，鱼朝恩就这样走下了大唐帝国的政治舞台。

向历史借智慧

领导终归是领导，不是亲人

中唐以来的当权宦官，大致都是：先是于皇帝有大功，然后得宠，位极人臣，操控朝政，就是皇帝也要让他三分，再后来，盛极而衰，终于倒台，身死名裂。在这些人中，有些是在权力面前忘了天高地厚，渐渐地觉得皇帝也不算啥；还有一些是倚老卖老，把皇帝当成亲人了，就像自己家的可以骂、可以打、可以饿他饭的小子。前一种死有余辜，后一种就有些冤，他不明白：领导就是领导，必要的距离一定要保持。

第五章　谁主浮沉——唐德宗的治国之术

公元799年，从“安史之乱”中走过来的皇帝代宗去世，儿子李适（音kuò）即位，是为唐德宗。

唐德宗是唐朝历史上很重要的一位承前启后的皇帝，除了太宗和玄宗，他在位的时间最长，但问题也最多。即位之初，德宗很有雄心壮志，极想改变“安史之乱”以来国家的困境，也做了不少努力，但当遭到大的挫败时，他退缩了。

在他的时代，有才能的奸臣和无德无能的奸臣如雨后春笋；在他的时代，藩镇闹腾得最凶，称王称帝者比比皆是；在他的时代，敛财成为一种为政之术，他仿佛跟唐朝帝国的百姓有仇，千方百计地想把百姓逼上绝路，各地民变风起云涌，虽然未成规模，但已经敲响了唐帝国覆亡的警钟。

杨炎之死

公元780年，德宗下诏让管理全国财政的官员刘晏自杀，同时派人去抄家。刘晏是被同行——理财高手杨炎——害死的。杨炎跟刘晏有过节，虽然不大，但足以使杨炎不能容忍。等杨炎一得势，立即复仇，诬陷刘晏有巨额财产来源不明。唐德宗是个听到“钱”就热血沸腾的人，所以，刘晏死了。

出人意料的是，查抄小组把刘晏的房子掘地三尺，却只得到了两车书和一点儿粮食。刘晏管理着当时世界上最富有的国家的钱财，修身持正且政绩卓著，最终却冤死在家中。朝廷内外都十分震惊和悲痛，有的甚至还上书给德宗，问他为什么要滥杀良臣。

后知后觉的德宗直到这时才认识到问题的严重性，他为了弄清事情的真伪，就派人去探查。结果发现，刘晏其实是一个既忠心耿耿又廉洁奉公的良臣。从这以后，德宗就对杨炎动了杀心。

杨炎也算是一个很能干的人，对于理财很有一套自己的见解。德宗看他可用，便只好暂时放弃这个想法，只是提升了另一个叫

庙堂真相

虎头蛇尾唐德宗

779年，唐代宗李豫去世，儿子李适即位，是为唐德宗。德宗是唐朝中期以后最重要的一位皇帝。新皇上任三把火，他强力削藩、贬斥宦官、倡导节俭，但这个人很是虎头蛇尾，当改革遭受巨大挫折，德宗本人也吃过几次苦头后，就“性情”大变，最绝的就是从倡导节俭，到大肆敛钱，到了堪称“财迷”的程度。

卢杞的官员，不再专任杨炎了。

卢杞是一个阴险狡诈的人，容貌也长得很丑，天生一副蓝脸，形同鬼魅。然而正是这样内外皆丑的人，就连声名显赫的郭子仪都对他忌惮三分。有一次郭子仪生病了，很多朝臣都去看望他，卢杞也不例外。

之前其他官员上门拜访，郭子仪的姬妾们都不用回避，但卢杞这次登门，郭子仪却要求所有人都退到后堂去。

卢杞走后，她们问郭子仪刚刚为什么不让见卢杞。郭子仪这时才神色稍缓，答道："这位卢大人相貌丑陋，很多人看到后都会忍不住笑他。若是别人倒罢了，但他是一个心胸狭窄的人，如果方才你们见了他忍不住笑出来，日后他肯定不会放过你们。我郭家能有今天来之不易，怎么能因为这一笑就葬送了一切呢？"

卢杞没什么才干，倒是很擅长迎合他人，正因为这样，他才受到德宗的器重。跟杨炎共事后，杨炎看他相貌丑陋，而且没有真才实学，所以从不以礼相待。

当时唐朝有个制度，就是几个共事的丞相每天都要在处理政事的地方聚一次餐，称为会食。会食，一来可以增加同事友谊，

野史秘闻

为百姓挑选了一个好干部

"安史之乱"后唐朝国力衰落，德宗初期发愤图强，勤政爱民，并在官员任命上亲力亲为，小至一个县令也亲自任命。一次，任命赵僘为高陵县令，德宗对这个干部很满意。这天在后院里游玩的时候，见到一个宫里的勤杂人员，就问："你是哪里人哪？"勤杂人员回答说"高陵人"，德宗觉得很兴奋，高兴地跟他说："呀，你是高陵人哪，我最近刚给你们高陵任命了一个好领导哇，你们听说了吗？"

二来也是中国人的习惯，把很多问题放在饭桌上讲，都比较好解决。按理说，杨炎是不会不参加会食的，但自从卢杞当上丞相后，他就经常借故推托。

时间久了，大家都猜出来杨炎是看卢杞不顺眼，而卢杞这样善于揣摩人心的人又怎么会不知道呢？他因此怀恨在心，两个人势同水火。

其实不管下面的官员再怎么斗，最终的决定权还是在皇上手里。但德宗这一次明显是偏向卢杞这边，他心中一直记得杨炎陷害忠良的事，反而认为卢杞是个值得托付的能臣。卢杞见德宗对自己信任有加，就开始多方诬陷杨炎。

他提醒唐德宗，当初刘晏被赐死，分明是遭到了杨炎的诬陷，但杨炎倒打一耙，跟各藩镇节度使解释说是皇上的意思，这不是出卖皇上、拿皇帝当挡箭牌吗？德宗觉得没错，这个杨炎太卑鄙了，所以免掉了他的宰相之职。

卢杞趁热打铁，又说杨炎贪污受贿，还私自在玄宗去过的地方立家庙，占取王气。经查证，还真有这回事，德宗怒不可遏，立即又贬杨炎为崖州司马。

名臣风骨

刘晏当官

刘晏掌管朝廷赋税，不少权贵想安排人进入赋税队伍。刘晏都接纳，但不让他们插手事务，只给予高薪养着他们。刘宴对人说："士人有收入，只要能糊口，就会重名不重利；小吏就唯利是图。"所以刘晏用人，凡是和钱打交道的职位，都让士人干；小吏只担当递送文书的工作。

卢杞仍然觉得不解恨，继续向德宗进谗言，最后，杨炎还在去崖州的路上呢，圣旨到了，杨炎被赐死。这下，卢杞总算没的说了。

唐朝两个著名的理财高手就这样相继死去，刘晏的死可歌可泣，而杨炎当初如果没有陷害忠良，卢杞就不会上位，而他也就不会落个惨死的下场。

向历史借智慧

当坏人遇到更坏的人

为了升官、得宠，大臣们一个个不择手段，可以说，杨炎虽然是被卢杞折腾死的，但这两个人在品质上不过是五十步和一百步的差别而已。当坏人遇到更坏的人，要么趁早有点眼色，认输了事，要么就得有一个离开。但我们绝不能因为一个人更坏，就把这个较坏的人当成好人或者朋友；或者自己受小坏蛋欺负，就去投靠大坏蛋来对付小坏蛋。明智的做法是，学习郭子仪，和坏蛋们保持适当的距离。

“四王二帝”的合纵连横

公元 781 年，德宗收到了一封来自河北的奏疏，这是成德节度使李宝臣的儿子李惟岳所写。他的父亲前不久病逝，所以李惟岳专门上奏德宗，想继承父位。

“安史之乱”后，有藩镇节度使大多由其子孙继承职位和土地的规矩。肃宗与代宗二朝毫无实力，只能忍气吞声。唐德宗发誓不与祖宗相同。

刚去世的河北节度使李宝臣最开始是叛将安禄山的属下，曾经帮安禄山进攻过太原，最后投降了大唐。本来是叛将，现在却做了节度使，后来又不听命于朝廷，竟然在河北擅自招兵买马，不向朝廷缴纳税收。“这样的鸟人，”唐德宗想，“怎么不早点死。”

没多久，远在河北的李惟岳就得到消息，德宗皇帝拒绝了他的请求。李惟岳大发雷霆，他身边有几个部下就在一旁挑唆：“大人诚心恳求居然还遭到了拒绝，真是让人气愤。大唐早就今非昔比了，要不是咱们节度使一直心向朝廷，这江山也不知还保不保

庙堂真相

将与反将

德宗即位，淄青节度使李正己献上三十万钱布，想观察朝廷会怎么做。德宗问崔祐甫，崔祐甫说：“李正己在试探朝廷。陛下就把这些布赏赐给李正己的士兵。如果李正己不阻拦，那么士兵们会感激皇上；如果阻拦，士兵们就会怨恨李正己，就会起来捣乱。而其他的藩镇看到，也不会觉得朝廷好欺负，给几匹布就可以打发了。”德宗同意。李正己由此老实规矩起来。

得住呢？”

身边人的进言无疑如火上浇油，但李惟岳还是按捺下心中的不悦，直到消息接二连三地传来，他再也坐不住了。原来，田承嗣的侄子——魏博节度使田悦，也为子承父位一事向朝廷上奏，但德宗的反应仍然是坚决不允。事情到了这一步，李惟岳心中已经明白了：长安城中的皇帝从即位之初就一心图强复兴，现在看来，他是嫌各个节度使手中的权力太大，要改革军政了。

李惟岳冷笑一声，自己岂是那种坐困愁城的人？

身边的属下早就为自己分析过现在的局势，不说别的，就是单单为了保住这节度使的位子，也不能再坐以待毙了。于是，在德宗拒绝他继任节度使之后不久，他最终下定决心谋反。

远在长安的德宗并没料到自己的拒绝会为今后的大唐带来什么结果。很快，李惟岳就私下联合了魏博节度使田悦、淄青节度使李正己、山南节度使梁崇义，四个人联手作乱，德宗时期的削藩战打响了。

李惟岳野心勃勃，但没想到叛乱开始没多久，他就被自己的部下王武俊杀死。战争仍在持续，德宗的武力削藩渐渐暴露了其

庙堂真相

孔巢父劝降田悦

魏博节度使田悦反叛，德宗派孔巢父前去劝降。孔巢父很有辩才，几句话说得田悦又归顺了。酒宴时，田悦说自己骑射一流，说道：“陛下如果用我，什么敌人降服不了？”孔巢父说：“既然如此，何不早归顺，反成了一大盗呢？”田悦说：“能为大盗，也可以为功臣。”孔巢父说：“现在国家多难，有了你就不难了。”田悦听了特高兴。

中的缺点。他用藩镇对抗藩镇，虽然在开始的时候收到了不错的效果，但同为藩镇节度使的朱滔等人怎么会不明白唇亡齿寒的道理？

782 年，节度使朱滔自称冀王后，王武俊自称赵王，淄青节度使李纳自称齐王，魏博节度使田悦自称魏王，他们一同对抗朝廷。然而这并没有结束，当时的淮西节度使李希烈也起来造反，还自称楚帝；不久之后，朱滔的兄长朱泚也自称大秦皇帝，四王二帝的合纵连横最终摧垮了德宗的雄心壮志，而唐朝的藩镇割据问题也因此变得更加严重了。

向历史借智慧

治标不如治本

地方军阀不听话，这正是"安史之乱"留下的后遗症。削藩战争，自是必打不可，但藩镇就好比人的四肢，人的主干健康、心脏强大，"四肢"有病就容易治；如果主干不健康、心脏也有病，那一旦四肢出事，事情就会越来越糟，主干也得跟着有并发症。唐朝中央政府始终一团糟，"本"还治不好，先去治藩镇之乱这些"标"，自然是事倍功半，大唐跟着藩镇在一个泥坑里滚，一直到把力量消耗殆尽。

间架税

在传统印象中，唐德宗是个敛财奴。这不怨他，因为削藩需要钱。

自“安史之乱”开始，大唐朝廷的国库就再也不能充盈。为响应皇上打响削藩战，国库更是拿出巨资来养军队。数十万大军的负担本已很沉重，唐德宗又诏令国库为每个参战的将士额外发一份补贴，希望他们为朝廷抛头颅洒热血。钱如流水，一去不返。源头供应不足，唐德宗陷入愁苦。

宰相卢杞是个伶俐透顶的人，热情地为皇上分忧，提出“借富济贫”的方案——向商人借钱。方案提出，只要资产超过一千万的富商，就必须把一千万之外的钱借给政府，还钱的时间以战争结束为准。

唐德宗心花怒放，马上许可。但卢杞深知“无商不奸”，所以很多商人都被捉回来拷打，以此来提醒他们应该有多少财产。奸商碰上强盗，只好认栽，有的实在拿不出那么多钱，只好找条

社会风情

节度使的由来

唐睿宗时，封薛讷为幽州镇守经略节度大使，节度使的官名从此开始使用。后来，玄宗在边境重镇设置了八个节度使，授以军事大权。“安史之乱”后，中央势力衰弱，地方强大，藩镇割据的局面形成。薛讷是唐初大将薛仁贵的儿子，民间演义《薛刚反唐》，大概由此而来。

大江大河去水宫里和龙王做伴。长安城的商人再也没有一天的安宁日子可过，他们的家财被征收，生意也日益萧条，很多商铺都被迫关门。很多摆地摊的想不开，就去拦卢杞的马，向他诉苦。卢杞用鞭子叫他们清醒，提醒他们这是在跟政府唱反调。

从商人那里搜刮来的钱，还是有限，扣除参与办事的人员的工资奖金后也就剩不下多少了，所以，卢杞再出“奇兵”，向普通百姓征收“间架税”。间架税，说白了，就是向百姓征收房产税。每栋房屋以两根横梁的宽度算作“一间”，上等房屋每年每间收取两千，中等房屋收取一千，下等房屋收取五百。如果百姓当中有隐瞒实情的（比如住地下室），一旦被查出来就要多缴一间房屋的钱；而如果有百姓告发隐情的，就赏五万钱。

唐朝的房产税就这样定下来了，对于当时并不富裕的百姓来说，这无异于雪上加霜。但这远远没有结束，紧接着来的是“除陌钱”。除陌钱，就是要人们在买卖过程中也要向朝廷缴税，相当于交易税。每一千钱的交易，买卖双方各上缴五十给官府，其中如果有隐瞒不报的，每一千就要罚钱两万，告发的人可以得到一万赏钱。这种双向收费让高智商的大唐百姓也觉得头痛。在征

野史秘闻

天子门生

德宗上台后，积极征求人才，任何人觉得自己在学术上或者国家治理上有特长的，都可以报名参加考试，由德宗皇帝亲自监考，选拔人才。阅卷时，德宗每看到中意的考卷，都会摇头晃脑地吟诵一番，第二天并分发给高级干部们看，骄傲地说：“这些都是我的学生啊！”

收这些高额税钱后，国库的窘困状况总算得到了缓解。德宗为此觉得宽慰不少，但民间则如意料之中的一片怨声载道。太宗皇帝曾说：“水能载舟，亦能覆舟。”但此时的德宗忘了自己老祖宗的这句教诲，从而招来了祸端。

783 年，“泾师兵变”在长安爆发。德宗因为失去民心，最终只好在惊慌失措中逃到了奉天，做了第三个狼狈逃出长安的大唐皇帝。

向历史借智慧

贫贱皇帝百事哀

常说“贫贱夫妻百事哀”，做皇帝的，按说称不上“贫贱”，但中唐后的皇帝因为内有权宦、外有强藩，经常被搞得焦头烂额的，日子并不比“贫贱夫妻”好过。这唐德宗真是觉得百事哀呀：要削藩，中央军队实力不强，只能借靠地方军队，还得看地方藩镇的脸色；再说了，打仗需要钱，朝廷又没有钱；朝中官员也不争气，关键时候没有真能帮得上忙的……苦哇！

泾师兵变

公元783年，李希烈率领三万叛军围攻河南襄城。襄城离洛阳很近，唐德宗这下很是心神不宁。眼看形势越来越严峻，他下诏让泾原（今宁夏泾原一带）的兵马远道而来前来救援。当时的泾原节度使是一个叫姚令言的人，他领命后就带着五千人马往长安赶去。军队出发时正是深秋，寒意逼人。为了解襄城之围，士兵一路急行军，不少人都咬牙硬撑着。

路上，大家互相鼓励，都觉得这一次去襄城时途经长安，肯定能得到不少赏赐。在这样的战乱中，一切靠武力和战绩说话，士兵的军功无疑是很诱人的，所以即使也有人抱怨连连，但整个队伍还是按时抵达了长安。

到长安的这一天，阴雨绵绵，士兵们浑身都被淋湿，每个人都饥寒交迫。众人凑在一块儿互相打气："这长安城可是天子脚下，我们又是去救援，别说好酒好菜，珍宝钱财也能得到不少哇。"

时间过了很久，众人才看到朝廷派了官员来犒军，本来饥肠

名臣风骨

哥舒翰后人

安史之乱中，哥舒翰迫于情势投降了安禄山，他的儿子哥舒曜听了很伤心，大哭不止。德宗时，派哥舒曜平定节度使李希烈的叛乱。德宗问："你和父亲比，谁更厉害？"哥舒曜说："我怎么能和父亲比？但是平定叛贼是我的夙愿，请皇上放心。"

辘辘的众人精神都为之一振，满怀期待地等着领赏。出乎他们意料的是，朝廷让人送来的都是一些粗粮野菜，在这样的冷天就是吃下去，恐怕也会消化不良啊。

更让士兵们愤怒的是，犒劳全军将士的就只有眼前的这些残羹剩菜，哪里有什么金银财宝、锦衣绸缎。而且现在天气寒冷，士兵晚上休息需要用到的衣被也是一样都没有。

将士们再也抑制不住远途跋涉的怨气了，一路上的辛苦在这一刻都化为了愤怒。其中就有人上前踹翻了送来的食物，怒吼道："我等不远千里而来，是为皇上拼死沙场的，没想到现在竟然连衣食都不能得到满足，还上什么战场！"还有的人大声抱怨："听说这长安城中的官库金银财宝无数，多到放不下，到头来我们这些浴血奋战的人只能吃这些粗粮野菜，何来的公平？咱们现在还不如一不做二不休，直接冲进皇城去。"

大家一听，就都嚷嚷着不打仗了，要冲进宫里去抢劫珠宝。姚令言等人看形势不对，便上前阻止，士兵们抽出刀剑将他围住，要他下令退兵。无奈之下，姚令言只好慌忙让人进宫禀报德宗，说士兵们不满赏赐，想要造反。

野史秘闻

要钱没有，要孩子有俩

同样的故事在五代也发生过。后唐皇后刘玉娘，贪财好货，千方百计地从国库里抠钱，官员不让，刘玉娘就说：这是我们李家的钱，你管得着吗？当叛军兵临城下，大臣请求皇帝犒赏军队，刘玉娘气呼呼地说：国家又不是皇帝一个人的，凭什么只让我们拿钱！又拉出两个孩子，对大臣说："诸侯所贡，给赐已尽，宫中所有惟此耳，请鬻以给军！"——我家财产现在就剩这俩孩子了，你们带走卖了来赏赐军队吧！

德宗本来就因为各地藩镇造反的事心烦气躁，现在又得知到达长安的将士意图叛乱，当场就心中一惊，匆匆下诏，让人带上二十车钱帛去犒劳将士。不幸的是，钱帛送到的时候一切都晚了。这五千名士兵早已是群情激愤，任谁也控制不了了。

他们看到现在才送来的钱财，直接冲上去挥刀杀了几个宦官，怒喊一声："如今还送什么钱财？我等自己进城去取便是。"

他们纷纷抽出刀剑，叫喊着往皇宫冲去。德宗听到消息，就马上召集禁卫军，要他们誓死抵抗。但大唐的禁卫军哪里能和以前相比呢？这些人平日拿着极高的俸禄，却个个不思进取，只知道吃喝玩乐，怎么能和宫外那些历经沙场的将士相提并论呢？禁卫军的无能自然阻止不了这场兵变，德宗吓得再也维持不住身为天子的威仪。最后，他在茫然无望中让身边的官员侍从做好准备，仓皇逃出了长安城。

这一天，唐德宗成了大唐历史上第三个逃出长安城的皇帝。

德宗逃走后，泾原的将士们就冲进宫中抢劫金银珠宝，后来又找到留在长安城中的曾经的泾原节度使朱泚，请他出来领导叛军。朱泚就顺势在长安城中建立了一个新朝廷，自称大秦皇帝。

向历史借智慧

要荣誉的给他荣誉，要实惠的给他实惠

有一家人请客，一般来说，乡里有地位的人、有钱的人，要安排在主桌，穷人就安排在靠边的桌子。可是这次，主人把穷人安排在主桌，把那两类人安排在边桌。结果，这顿饭吃完后，穷人也骂娘，富人也骂娘。为什么呢？有地位的人和富人，来这不是要吃喝的，坐主桌对他们是一种荣誉；穷人是想大吃一顿，让他坐主桌，在主人眼皮子底下，不好意思放开吃，所以也生气。因此，事情应该是：要荣誉的给他荣誉，要实惠的给他实惠。

奉天保卫战

泾原兵马一愤怒，德宗只好出逃，在逃亡路上，跟随的士兵只有几百人，风驰电掣地逃到奉天后，一看士兵才几千人。德宗在奉天屁股都没坐热，在长安城中自立为大秦皇帝的朱泚已领兵杀到。唐德宗还想逃，被浑身忠贞之气的亲军司令浑瑊拦住。浑瑊许诺，可以让奉天城固若金汤。这人曾是郭子仪手下的骁勇干将，治军有道，敢打硬仗，善打硬仗。在他的领导下，奉天城果真固若金汤，弄得朱泚如鲠在喉，吐不出来，又咽不下去。

战争持续了一个多月，奉天城内逐渐弹尽粮绝，德宗皇帝也只能大天吃粗粮了。但朱泚为了早日达成心愿，还是日日紧逼，屡率大军全力攻城，为此他还让人造了先进武器——巨大的云梯。这些云梯高九丈，下面装着巨轮，便于士兵们操作。云梯仿佛是一个移动的城池，攻城时一个梯子就能容纳几百个士兵，一旦用于实战，那么梯子架上奉天城的时候，就意味着离城破不远了。

浑瑊应对自如，他采用的是地道战。因为云梯很重，如果在

名臣风骨

当官贵知足

宰相李日知几次请求退休，终获批准。老婆知道后，非常吃惊，问他："咱们家里，现在是一没积蓄，二孩子们还没升个好官位，您怎么说退休就退休了呢？"李日知回答："书生做官，当到宰相就已经是过分了。如果还要贪心，那就太不知足了吧！"

敌人来袭的地方挖掘地道，再在里面放上易燃松油、木柴等，那些耗时耗力造出来的梯子就无用武之地了。果然，当朱泚率军再次攻来的时候，巨大的云梯就出现在了战场上。

城外，敌军的脚步声、马蹄声，还有推着云梯前进的轰隆声，让城内的士兵和百姓们汗流浃背。浑瑊站在城楼上，目光如炬，注视着叛军越来越近的身影。云梯终于架上了城门，城上城下乱箭齐飞，唐军本来就势单力薄，伤亡更加惨重。

云梯的周围挂满了水囊，所以唐军射出的火箭统统不起作用。叛军的连日激战终于起作用了，越来越多的人登上了城楼，和守城的士兵白刃相见。嘶喊声、打斗声、哀号声混成一片，城上的景象凄厉而悲壮。浑瑊也不幸被箭射中，他眉都不皱一下地把箭拔出，继续指挥作战。士兵们见了，既感动又振奋，都用力挥舞着手中的武器，奋勇拼杀。待在城中的李氏皇族们心中惶恐不安，德宗的心中更是绝望无比，泪流满面。

突然，城下传来一声轰天巨响，紧接着，尘沙漫天，城上的唐军隐隐约约地看到敌军经过的地方出现了地陷，无数的叛军掉进了唐军事先挖好的大坑中。

名臣风骨

儒生可畏

浑瑊和吐蕃缔结盟约，大臣都祝贺边境要平静了。参谋柳浑却说："国家不行了，才和别人结盟。有什么好祝贺的呢？"德宗听了大怒，说道："只知道死读书的儒生这么说也就罢了，亏你还是大臣，跟着他们瞎起哄。"半夜，边境传来消息，说吐蕃背盟，把会盟的各级将领抓起来杀了。德宗大惊，第二天对柳浑说："还是儒生可敬，足不出户能知万里事。"

众人一阵欢呼，然后迅速地往城下投火炬、干柴。此时风势正猛，城外的叛军本来就惊魂未定，转眼间又陷入了一片火海中。他们互相踩踏，呼天喊地地争相逃跑。

浑瑊在城上见了，就急召将士，让军队兵分三路，出城围击敌军。唐军士气高昂，勇猛地冲出城外，把朱泚的叛军打得七零八落。

没多久，在奉天城中时时胆战心惊的德宗终于等来了勤王之师，前来救援的是皇帝近卫军司令（神策大将军）李晟和朔方战区司令（节度使）李怀光。朱泚见大势已去，只得匆匆撤离奉天，李唐皇朝在风雨飘摇中又一次幸存了下来。

向历史借智慧

路遥知马力，患难见人心

从前都问大哥好，一到了大哥有难的时候，谁死心塌地跟着你，谁首鼠两端，谁趁火打劫，就看得很清楚了。浑瑊本是郭子仪的部将，779年，郭子仪功高震主，被拜为尚父，实际上明升暗降，被夺了兵权。浑瑊也因此过了一阵闲散日子，如今皇帝有难，他赶来护驾，以弱小兵力死守奉天城。经历了这些生死大难后，浑瑊的忠心感动了德宗，从此，德宗对任何将领都不放心，唯独对浑瑊一百个信任。正是：患难之交见真情啊！

卢杞阴出颜真卿

淮西节度使李希烈叛乱，一路打到汝州。这里离洛阳很近，朝廷的局势变得十分危险。德宗为此忧心忡忡，就向当时的宰相卢杞询问应对之策。

卢杞是个计策百出的人，他曾推荐儒雅敦厚的关播为宰相，但不让关播说话。有一次，德宗和大臣们商议朝政。关播听得兴起，也想发表一下自己的看法。就在这时，卢杞阴森森地看了他一眼，示意他不准说话。关播看他神色狰狞，险些屎尿齐出。事后，卢杞警告他："当初我就是看中大人你沉默寡言，才向皇上举荐你的。关大人可要识时务哇！"关播汗流浃背，连声允诺，从那之后，他在朝中果真不再多说一句话了。

卢杞这样一个嫉贤妒能的人，在听到德宗问他应对方法后，心中窃喜不已。这对他来说，简直是一个天赐的好机会。当时在朝堂上敢与他作对的人少之又少，其中就包括皇家教师（太子太师）颜真卿。颜真卿的书法一直为人称道，他对朝廷更是忠心耿耿，

名臣风骨

颜真卿辞官学书法

中国古代是"学而优则仕"，所以很多文化人都当过大官，大书法家颜真卿便是其一。他二十多岁就做了官，因为喜欢书法，便辞了官去找大书法家张旭学习，但张旭好长一段时间都不肯收他，只告诉他努力练就行了，还劝他多为国家做实事，少琢磨书法这种闲事。颜真卿失望而返，后来，他还是不死心，又一次辞了官去拜师，这次张旭收下了他。经过名师指点和自己努力，颜真卿形成了自己的书法风格，人称颜体。

在当时是一位很有威望的老臣。卢杞一直都很嫉恨他，可是一直找不到机会下手。

此时，机会从天而降，卢杞兴奋地抓住了。他当时就回答德宗说："陛下，微臣有一个办法可以不费一兵一卒。"

德宗一听，来了兴致，忙问是什么办法。卢杞成竹在胸地一笑："李希烈不过是叛军，名不正言不顺，怎么能成大事呢？微臣觉得，您不如派一位德高望重的大臣前去劝说，相信李希烈一定能看清时局，迷途知返。"

德宗本来就不愿意打仗，听他这么说，便觉得很有道理，又问他："那爱卿觉得派谁去合适呢？"

"颜老太师就很合适，"卢杞恭敬地回道，"他在朝廷内外声誉一向很好。如果陛下派他去的话，李希烈一方面能感受到陛下的诚意，一方面他也比较信服颜老太师。"

德宗微微点头，当时就同意了这个建议。消息一传开，群臣大惊失色——这是把颜真卿送进老虎嘴巴里呀。他们一直很敬重颜真卿，为此有人还上书，请求德宗收回成命。然而事情已成定局，任凭他们在德宗面前怎么说，德宗都拒绝采纳。

名臣风骨

忠臣颜真卿

"安史之乱"时，黄河以北城池尽被占领，唯独颜真卿领导的平原城还在朝廷手里。当时，玄宗听说北方尽失，叹息道："河北二十四郡，没有一个忠臣吗？"不久平原的报告到了，玄宗大喜，说道："颜真卿我从来没见过面，所作所为出乎我的意料哇。"

颜真卿自从领命后，就一直为离开做准备。官员们都劝他不要走，让他等事情缓缓再去向皇上求情。颜真卿拒绝了他们的好意，从容地笑道：“生死有命。老夫已经七十多岁了，一生为大唐竭心尽力，还差这一次吗？况且这是皇上的旨意，老夫怎可违背？”

官员们边摇头边叹息，他们都明白颜真卿这一次多半是有去无回了。到了临行那一天，颜真卿只带了几个随从就匆匆上路了。

李希烈事先已经知道颜真卿前来劝和的事，就安排好人给他一个下马威。颜真卿一见到李希烈，便二话不说直接拿出诏书，要他马上结束叛乱之事。

这时候，李希烈的养子和部下等纷纷抽出刀剑，一拥而上，对颜真卿又是威吓又是谩骂。颜真卿沉着应对，毫不惧怕，并正色道：“大唐天子的诏书在此，你等便是现在杀了老夫，老夫又何惧之有？你等小人不尽忠报国，却意图谋反，这才真正是当诛之人哪！”

李希烈看他不卑不亢，一时也拿他没辙，只好自己上前来假意护住他，将他送到了驿馆。颜真卿威望甚高，李希烈其实更想策反他封为宰相。颜真卿知道后不仅不答应，还大声斥责李希烈

野史秘闻

卢杞有多坏

唐德宗时，卢杞当权。卢杞为人阴险狡诈，又凶狠残暴，报复心极重，所有官员都怕他。后来卢杞失势，他做过的坏事被陆续揭发出来，唐德宗问：众人都说卢杞奸邪，我怎么不知道？宰相李勉回答：“人言而陛下不觉，此杞之所以为奸也。”——举世都知道卢杞是奸邪小人，只有皇上您不知道，这正是卢杞的奸诈之处哇！

大逆不道。他正义凛然，在场的很多人听到他的话后，都有些羞愧。最终，李希烈没有放他回大唐，而是将他囚禁起来。过了一年多，颜真卿就被李希烈缢杀，终年七十六岁。

卢杞杀人，很少自己动手，颜真卿就是一例。

向历史借智慧

任劳任怨是一种过时的美德

坏人算计好人，往往一算一个准，极少失手。怎么回事呢？明眼人都知道，人家既然公开造反了，就自然不是靠“大义”这种东西拉得回来的。所以颜真卿此去，必是肉包子打狗——有去无回。可奇怪的是，受了这种极不公平的待遇后，颜真卿竟一点也不反抗。在今天，任劳任怨尤其是一种过时的美德，该出手时就出手，在公司里总是做窝囊蛋，那就永远只能被压迫，领导也会觉得你没个性、不值得提拔。

陆贽被黜

大唐永远都不缺治国之才，遗憾的是统治者们未曾予以重用，其中就包括智慧的化身陆贽。

唐德宗削藩失败导致国家动荡，唐王朝的统治也岌岌可危。公元 784 年，德宗听取陆贽的建议，让他为自己起草罪己诏。这篇罪己诏鼎鼎有名，在中国历史上，颁布罪己诏的皇帝不在少数，但德宗的这一篇有着很大的不同。在罪己诏中，他深刻反省了即位以来的种种过失，陆贽起草的这篇文字，将德宗心中的歉疚和忏悔展露无遗，其恳切言辞如今读来，仍然真挚感人。

削藩的失败在德宗心里留下了很深的阴影，他因此变得越来越消沉。有一次，他跟陆贽又说到削藩失败的事，非常自责。

陆贽见状，连忙劝慰道："陛下乃一国之君，有如此反省的精神已经很难能可贵了。这中间之所以有这么多波折，并不全是陛下的过错呀。群臣辅佐陛下治理国家，结果国家动乱，那么群臣也是难辞其咎的。"那时候，卢杞等人排挤贤臣，祸乱朝纲，

庙堂真相

千金寻人

德宗外逃时，很信任陆贽。朝廷宰相出的主意，由陆贽从中进行定夺，当时人称"内相"。一次，半夜逃命，德宗和陆贽走散，担心得直掉眼泪，下令谁找到陆贽赏千金。后来陆贽找到德宗，德宗喜笑颜开，太子、群臣都来祝贺。回到长安后，德宗渐渐听不进陆贽的直言，把他贬出了京城。

陆贽正是想趁此机会给德宗敲警钟。

可惜的是，德宗并没有听他的忠告，反而叹息道："朕也曾雄心勃勃，为江山社稷殚精竭虑，但无奈世事变化，难以捉摸。我大唐时至今日，恐怕也是天意如此吧。"他有心维护卢杞，竟将过错推给天命。

陆贽看出他的本意，也不好再说什么了。事后，他就专门向德宗上书，告诉皇帝事在人为，千万不能消极对待。

他在奏折中说，朝廷之所以动乱不堪，是因为人力所为。多年以来朝纲混乱、藩镇割据，才致使百姓流离失所，战乱不断。如果德宗将国家的兴衰和天命联系起来，这无疑是荒谬的。如果国家治理得好，那么，即使上天降下祸乱也不能动摇根本；如果国家治理得不好，那么，上天就是降下康宁也无济于事。治理国家并不是依靠天命，而在人为。

陆贽在奏折中切中时弊，分析过往的得失，力图让德宗重拾治国的信心，但自暴自弃的德宗终究没有听进去。这位遭逢战乱的皇帝已如积重难返的大唐一般，逐渐丧失了整顿河山的兴趣。长安的战乱平定以后，德宗就急急忙忙地让浑瑊去寻访逃亡的宫

社会风情

不爱荣华富贵，可耻

官员王承升的妹妹被德宗皇帝纳入后宫。但是这位王家妹妹很奇怪，对皇帝对华丽宫殿，并不表现出很喜欢、很向往的样子，德宗皇帝不高兴，说："真是穷相女子，不懂得享福！"就把她赶出后宫，并且下令：王家人不得把这个妹妹嫁给朝廷官员。理由是这种不爱荣华富贵的女子，就不应该享福，只应该受苦。

女，并赠给她们物资让她们直接到皇上的所在地。陆贽知道后就去阻止德宗，说："现在时局动荡，人心还不稳。陛下应该以安抚民心为重，寻访宫女这些事本来就无关社稷，不过是玩赏娱乐之事，怎么能因小失大呢？"

德宗听后觉得有理，但最终他还是派人去告诉浑瑊，让他出钱遣送找到的宫女。

陆贽为官清廉，他当宰相的时候，每一次来长安的官员都会备上好礼，送给京城的官员。群臣都一一收受，只有陆贽拒绝接受礼物。德宗知道这件事后，不仅不加以赞赏，反而让人去开导他，说收受贿赂的确不对，但一些无伤大雅的礼物就不应该拒绝，否则那样会显得不懂人情世故。陆贽听到皇帝的指示真是哭笑不得。

由于德宗的昏庸和当时朝中激烈的党争，陆贽最终难逃其害。他在当了两年宰相后就被贬官，五十二岁就早早离世。而他那一身的治国之才，直到死也没能真正为重整大唐而发挥出来。

向历史借智慧

好干部没遇上好制度

德宗皇帝掏心窝子教下属做官要贪，这可真是千古奇闻，德宗的"可爱"暂且不论，其实这件事反映出一个事实：现实就是如此，做官不收礼，反而不好做。也因此，在那样一种社会条件下，陆贽这样清明廉正、有才干的好官，反而得不到重用。一个好干部，却没遇上一个可以施展才能的好制度，这是干部陆贽的不幸，也是领导德宗皇帝的不幸。

第六章　回光返照——在纵欲与图治的案板上

与初唐的辉煌、向上相对照，晚唐的历史简直不堪入目。

皇帝无能，臣子们只好奋起一搏，这奋起最终在宦官的干预下化为泡影。于是，太多不可思议的事发生在这一段时期，政府最高首脑被刺杀、草民跑进皇宫喝酒、宦官屠杀朝廷大员。虽然有唐宪宗与唐宣宗这两位唐朝历史上很聪明也很有作为的皇帝，但是，积重难返的藩镇和宦官问题让他们无从下手，他们所有的励精图治都好比一个大限已到的人的回光返照。

“二王八司马”事件

公元805年的一天，朝廷突然连发数道命令，贬王叔文、王伾等人为州司马。消息传开后，朝廷内外震惊不已。几天之后，即位不足两百天的顺宗就退居太上皇，其子李纯即位，是为唐宪宗。到这一刻，每个人心里都清楚，前不久如火如荼开展起来的“永贞革新”已经彻底失败。

早在年初的时候，太子李诵带病继承皇位，是为唐顺宗。顺宗即位前已经中风，这使他从此以后有口不能言，而他做太子时就与之交好的一帮官员，以王叔文、王伾等人为核心，包括著名文学家柳宗元和刘禹锡等人的激情团队，开始了大刀阔斧的改革。

他们的思路是先易后难，以顺宗的名义免除苛捐杂税，赢得了百姓们鼓掌叫好。可是，即使他们自己都知道，困难很快就会到来。

那时，藩镇不听命于朝廷、宦官手握兵权，王叔文等人的改革矛头就是指向这两股势力。王叔文决定先向看上去势力稍弱些

名臣风骨

柳宗元

唐朝历史上有很多政治人物都是一流的文学家，柳宗元就是其中之一。柳宗元在文学史上最有成就的一件事是，反对六朝以来笼罩文坛的绮靡浮艳文风。绮靡浮艳文风如同堆积木，所用的“木块”是世界上最让人倒牙的美丽辞藻。柳宗元提倡质朴流畅的散文。在他的提倡下，唐宋以后的散文就不那么“甜”了，甚至有的散文还有故事性，读起来不再使人昏昏欲睡。柳宗元死于819年，前一年，唐宪宗迎佛骨。

的宦官开刀。

一天，宦官俱文珍收到一条令他火冒三丈的消息。一直由宦官统领的皇帝亲军（神策军），现在居然要由老将范希朝来统率，这是王叔文通过顺宗下的命令。

俱文珍大骂："王叔文这帮家伙，自从上台以来就千方百计地断我们的财路，现在居然还想夺取兵权，真正是活得不耐烦了！"德宗在位时，宫中的物品大都由宦官到宫外去采购。日子久了，宦官们都借机中饱私囊。官员和百姓们敢怒不敢言，他们便越发嚣张起来。但自从王叔文等执政以来，宦官的这条财路就被彻底截断了，他们为此嫉恨不已。

俱文珍看着身边的宦官，阴森森地笑道："这兵权岂是这么容易就交出去的？如果有这么一天，咱们这些人也甭活了。事已至此，我等只能先下手为强。"

范希朝不是个能担当重任的人，他领命后带着下属去接管神策军。等到了目的地才发现，神策军中竟没有一个将领出来迎接。他脑袋一晃，立即叫人通知王叔文，说这事不好办。

王叔文当然知道事情不好办，所以才派一脸谋略的他去。想

庙堂真相

太子莫谈国是

顺宗当太子时，一次讨论起宫市——以皇家名义低价甚至无偿征收民间货物，课文《卖炭翁》讲的就是这个。太子说："这个事情影响太坏，我要向皇上汇报，得禁止这事。"王叔文反对："太子拿我当心腹，那我也得要对得起太子。宫市这件事，还是别管为好。您应该多陪皇帝吃吃饭，多请安，至于工作上的事情，不要过问。否则，皇上一旦怀疑您收买人心，那您就危险了！"太子一听，惊出一身冷汗，流着泪说："不是先生提醒，我就要犯大错了。"

不到，他的谋略只写在脸上。王叔文曾考虑过，倘若宦官不交兵权该怎么办。但他没有想出来，所以，当他知道所担心的事情已经发生后，只能坐在那里发呆。

顺宗的身体状况绝不允许他发呆，除了不能说话之外，顺宗的神志也越来越不清楚了。王叔文这个时候又绕过宦官去跟藩镇交涉，看能不能从藩镇那里讨点好处回来。但他只能寄希望于老天，希望老天保佑，让藩镇们温和一些，但恰好相反，藩镇们对任何想动他们兵权和地盘的人，都不给好脸色，王叔文想从他们那里改革，难度更大。神策军的事情还没了，宦官势力又在朝廷上左右疏通，恰好在这个时候，王叔文的母亲去世，按惯例，王叔文要回家守丧。虽然他想留，可是不得不走。王叔文一走，王伾势单力薄，他琢磨来去，想了个法子：有一天，王伾在自家门口突然大叫一声“我中风了”，从此，再也没有从床上起来。

二王的一蹶不振无疑宣告改革集团逐渐瓦解、改革即将失败，而接下来他们最坚实的靠山——唐顺宗，也受宦官和藩镇逼迫，不得不把手中的大权转交给太子李纯。等到李纯即位，这一批力主改革的官员立刻遭到报复，有八位官员都被贬为州司马（唐朝

野史秘闻

当官就要荐我所亲

崔祐甫为宰相，德宗问他：“有人说你推荐的官员都是有关系的，怎么回事呀？”崔祐甫答道：“陛下让我推荐官员，我一定要了解才能推荐。如果不了解，怎么能知道他到底行不行呢？”德宗觉得有理。

专门为贬官所设的职位，无所事事，毫无权力），他们分别是韦执谊、韩泰、陈谏、柳宗元、刘禹锡、韩晔、凌准、程异。这便是历史上有名的“二王八司马”事件。

中国历史上的改革不胜枚举，“永贞革新”则是其中昙花一现的改革之一，它没能挽救日渐西沉的唐王朝，仅仅让后世的人们不胜唏嘘。

向历史借智慧

找靠山也要找个靠得住的

国家不幸、民生多艰，这些热血青年想借自己的力量来做些变革，让国家渡过危机，出发点很好。可惜，他们倚仗的唐顺宗这棵大树，非但不能让他们乘凉，反而是“泥菩萨过江，自身难保”。所以，永贞革新激情是有了，但成果几乎没有，“二王八司马”权力全被拿走了，唐顺宗自己也灰溜溜地下了台。可见，找靠山也要找个靠得住的。

武元衡的脑袋

“杨柳阴阴细雨晴，残花落尽见流莺。春风一夜吹乡梦，又逐春风到洛城。”这首诗出自宪宗朝的宰相武元衡之手，读来似江南水乡的吴侬软语，但如果有人认为这位宰相只是一位温润如玉的君子，那就大错特错了。武元衡的谦谦风范的确为人称道，但最让人钦佩的还是他的刚烈如火。

当初德宗皇帝就曾经赞他：“武元衡其人，胸怀宰相之才呀！”他有良相之才，也怀治国之心，然而直到宪宗朝，他才能真正一展宰相之才。

他曾力主平定浙西节度使叛乱，之后又被宪宗派往蜀地任西南战区总司令(剑南节度使)。他在任期间兢兢业业，安抚当地民心，休养生息，没几年，蜀地在他的治理下又恢复了昔日天府之国的形象。因为政绩卓著，他被宪宗提拔为宰相。

公元814年，淮西（今安徽、湖北部分，河南东南部）战区总司令（节度使）吴少阳去世，他的儿子吴元济隐瞒不报，一心

名臣风骨

裴度

裴度（765—839）是唐朝中后期很有才能的宰相，和武元衡一样，主张对藩镇用狠。和武元衡一样，他那天早上也遇到了刺客，受了重伤但被救活。大难不死后，裴度继续主持削藩工作，几年之后，诸藩相继归顺，裴度为大唐朝廷创造出一片新气象，史称“元和中兴”。

想子承父位。宪宗知道后决定发兵讨伐。

当时的藩镇节度使大都互相勾结，他们看吴元济有难，就想贿赂朝中重臣，让群臣劝宪宗改变决定。其中有一个叫王承宗的，他一面上书皇上请求赦免吴元济，一面贿赂朝中大臣，让他们在朝堂上少说点良心话。

武元衡是当时朝中的主战派，在藩镇问题上的态度非常强硬。王承宗派人到中书省去求情时，他声色俱厉地斥退来人，坚定不移地说要铲除叛军，来人只好灰溜溜地回去复命了。王承宗知道后怒气冲天，对武元衡恨得咬牙切齿。

武元衡为官清廉，贿赂在他这里是此路不通，于是王承宗就开始诋毁诬陷他。就这样，武元衡的正直刚烈和吴元济等人的阴险毒辣碰撞在一块儿，矛盾越来越难以调和，而朝中的局势也陷入了剑拔弩张的氛围中。

公元815年的一个早上，天还没有亮，长安的官员们已经开始准备上朝。武元衡也跟往常一样，领了几个随从、打着灯笼出了门，往大明宫走去。

当他们刚走出靖安坊东门时，漆黑的夜色中突然蹿出几个刺

野史秘闻

裴度不急

裴度当宰相的时候，有一天要用公章时，发现不见了，下属们也都说不知情。裴度也不多说，就让人安排饭局，让大家一起吃饭，正吃得高兴的时候，公章突然失而复得，就在办公桌上放着呢。事后，裴度解释说："这肯定是哪个办事人员，偷拿我的公章去用了，我如果逼得急了，他就会把公章扔进水里火里；逼得不急，他就会悄悄地把公章还回来。"

客，低喊一声："把灯笼射灭。"武元衡和随从尚不及反应，手中的灯笼就被来人射灭了。

武元衡心道不妙，正想要躲藏，突然，一支箭隔空而来，武元衡只听到羽箭飞来的声音，紧接着自己的肩部就是一阵剧烈的疼痛，他知道自己中箭了。

刺客们听到武元衡惨叫的声音，知道已经得手，就趁势而上。武元衡强忍疼痛，拼力回避，左腿上又中了一箭。他身边的随从恐慌不已，在黑暗中胡乱地挥舞着刀剑，跟人拼了几个回合就难以招架，连忙趁乱逃跑。

转瞬之间，长安城寂静的大街上就只剩下刺客和武元衡了。他身受重伤，眼睛也看不见东西，只能听见自己越来越重的喘息声。刺客并没有给他多少喘息的时间，他们早已悄无声息地靠近，冰冷的刀锋在武元衡毫无知觉时慢慢靠近他的脖颈，杀气逼人。他甚至来不及出声，就被人一刀砍掉了脑袋，尸身静静地倒在了大街上。

巡逻的士兵们赶到时，只看到一具被砍去头颅的尸体倒在血泊中，没有人愿意承认那是宰相武元衡，但那身朝服除了武元衡

野史秘闻

皇帝的失落

唐宪宗时，权长孺在福建做盐官，因为贪赃受贿被抓，宰相崔群跟皇帝求情说：这是宰相权德舆家的亲戚。宪宗一句话顶了回去："权德舆身为宰相，更不应该允许自家亲戚有违法之事。就算是权德舆自己犯了罪，我也不会饶过他！"权德舆的女婿独孤郁，有才干，美誉度很高，宪宗皇帝感叹说："我的女婿不如权德舆的女婿呀！"

——做人哪能全部好处都占了呢！

还有谁配穿？这一刻，繁花似锦的长安城再难寻觅，取而代之的是浓得散不开的诡谲和血腥。

宪宗下令追杀刺客，朝中的每个人都清楚，宰相的死，藩镇是脱不了干系的。武元衡用死去维护自己心中的政治抱负，宪宗也没有因为宰相之死而有所退缩，反而更坚定了削藩的决心。

向历史借智慧

冬天来了，春天还会远吗

投资理财的人经常谈到一种失败经验：总是在股价最低点时把套住的股票卖了。因为，当股价跌得厉害时，投资者感受到了巨大的压力，当压力大到不能承受时，就彻底放弃，把股票当废纸一样全抛了。这种人没有想到，感觉最艰难的时候，也可能就是行情即将要反弹的时候。唐朝的削藩战争逼得藩镇要以暗杀手段来自救时，也就说明藩镇快扛不住了，冬天最严酷的日子来了，胜利的日子也就不远了。在痛苦中继续坚持，就能成功。

李愬雪夜袭蔡州

元和十二年（公元817年）十月，蔡州一带已经是风雪交加。这里一直都由淮西战区总司令（节度使）的大军驻扎，节度使吴少阳死后，他的儿子吴元济不听朝廷号令，强袭父亲的位置并强占淮西已经三年。

这一天夜里，天寒地冻，滴水成冰。守城的士兵都缩进屋里烤火避寒，眯着眼打盹儿。他们丝毫不用担心会有什么意外发生，因为蔡州已经有三十多年没见过中央军是什么样了，就算现在长安那边叫嚷着要来，但在这样恶劣的天气下，谁又会跑出来挨冻呢？可有时候，越是想不到的事情就越会发生。

在他们烤火睡觉时，一群士兵正趁机在风雪中悄悄靠近蔡州，他们在城墙下挖土堆成坎，如幽灵一样登上了城墙。此时，守城的士兵还在熟睡，危险已经来临。登上城墙的这群人缓缓抽出腰间的刀，迅速向守城人靠近，他们手中的刀闪着寒光，毫不留情地结果了每个在熟睡中的士兵的性命。

庙堂真相

唐宪宗迎佛骨

818年，唐宪宗派宦官到凤翔法门寺去迎佛指骨。这是唐宪宗第五次迎佛骨，迎佛队伍到达长安时，王公贵族竞相舍施，有的百姓倾家荡产以供奉佛祖真身。这一次迎佛骨，唐宪宗亲自上阵，手拿佛灯，累得够呛。韩愈后来提醒唐宪宗，迎佛劳民伤财；我大唐天朝上国，迎接个异族的神仙，成何体统？如果真有佛，不会让世人这样做；倘若没有，那你迎什么呀。宪宗大怒，把韩愈赶出了朝廷。两年后，唐宪宗驾崩。

原来，登上蔡州城的是唐州（今河南泌阳）战区总司令李愬率领的将士。他们从驻地出发，冒着风雪一路急行，直到此时才抵达蔡州。这次的行动极为隐秘，全军只有李愬和身边的几个将领知道。

大军是在不知目的地的情况下前行的。中途曾有人忍不住问李愬到底要去哪儿，李愬只是冷淡地回答他们只管向东前进。大家看他态度冷漠，也就只好闷着头专心地小跑。

军队一直到了离蔡州不远的地方，李愬才对大军宣布："吴元济叛乱已有三年，我等现在就去直取蔡州，捉拿叛贼！"将士们一听，大惊失色，因为蔡州城里兵多将广，有的人还想临阵退缩。

李愬正色道："现在风雪交加，蔡州军不可能设防，天赐这样的良机，难道你等还要退缩吗？为兵者，就是要上阵立功，莫非你等不是军人？"众人都是军人，只好听从命令继续前进。

风吹鹅毛大雪，把天地化作一穹庐。李愬担心城中的人会听到异动，就让士兵去追打路边的鸡鸭，让它们的叫声掩盖住队伍行军的声音。天道酬勤，一路的辛苦没有白费，当蔡州近在眼前的时候，李愬让手下的两员大将率领先锋队登上城楼，打开城门，

社会风情

不能不提武功

朝廷打下蔡州，平定淮西节度使吴元济，宪宗让韩愈写了《平淮西碑》来纪念。韩愈在碑文中称颂平定叛乱，宪宗和宰相裴度的功劳最大，李愬看后觉得碑文没有说一点武将的功劳，特别是他雪夜攻入蔡州，当功居第一。于是，就对妻子说了。李愬的妻子是唐安公主的女儿，唐安公主再在宪宗耳边嗡嗡几声，宪宗认识到不能不表扬武将一番，就把碑文毁了，找人重写。

于是，本文开头的那一幕出现了，唐军就这样轻而易举地进入了蔡州外城。

当大军故伎重演、闯进内城时，天已放亮，雪仍很大。叛将吴元济还高卧在床。守城的士兵看见突然出现的中央军，惊慌失措地四处乱窜，好半天才有人想起要去通知他。

吴元济被吵醒后，睁着蒙眬的睡眼，不耐烦地说："大清早的吵什么吵？这种时候哪里会有长安军，不过是一些囚犯作乱罢了，大惊小怪什么？"他躺在床上，还想睡个回笼觉。

这时候，又有士兵冲进来报告，蔡州城已被攻陷。吴元济继续表现出自己的愚蠢："你们这些怕事的，这一定是洄曲那边的守军来找我要过冬用的寒衣，下次查清楚了再报。"

吴元济看好好的觉也没法睡了，只好慢吞吞地从床上爬起来。谁知此时屋外却传来中央军的传令声，紧接着就是成千上万人的响应声。吴元济这才慌张起来，恐惧快速地袭上心头，他连忙带着几个亲信出门察看。

当他一登上院墙，便看到外面人头攒动的中央军，他的本性立即暴露：如中风一样不能站立，说不出话来。过了很久，他才

名臣风骨

不愿沾宦官的光

李鄘坚持原则，以礼待人，宦官吐突承璀很敬重他。回朝后，吐突承璀多次向宪宗推荐，宪宗就提拔李鄘做了宰相。李鄘不想被别人说是因为宦官的关系当了宰相，心里闷闷不乐。走时，对送行的人说："我宁愿在外面做官，也不想做这个宰相。"到了京城，他就请病假不到朝廷上班。

大声呼喊身边的士兵："快，快，快誓死抵抗！"

然而李愬的士兵已经尝到了甜头，这个时候，士气如虹，打得蔡州兵哭爹喊娘。太阳下山的时候，吴元济所住的内院也被攻破了，看大势已去，他只得在惶恐不安中连声讨饶，大叫投降。

李愬这次奇袭蔡州大获成功，大唐的削藩局面突然给人以耳目一新的感觉：各地藩镇纷纷表示效忠朝廷，有的节度使主动放弃兵权，入朝为官，有的节度使出兵帮助中央军攻击不听话的藩镇。由此，藩镇割据的局面暂告结束，唐朝又恢复了表面上的统一。

向历史借智慧

一件正确的事可以实现一连串的收获

兵法上讲出奇制胜，这个故事所以名气这么大，是因为拿下蔡州后，藩镇有惊人的连锁反应。不仅李愬一人功成名就，几代皇帝念念不忘的削藩战更是有了里程碑式的成果，艰难苦熬的长夜终于露出了曙光。蔡州的胜利本来只是一个单独的正确事情，但它的结果出人意料，实现了一连串的收获。所以有句话说，要"跟对人、做对事"，做对一件事，它的收获有时可能多得超乎想象。

算命先生与染工

公元824年，唐敬宗李湛即位，开始了他淫乐无度的皇帝生涯。人的时间是有限的，既然有时间玩乐，那就没有时间理政。如此，肯定要出乱子。

无论是谁都想不到，出乱子的不是藩镇也不是宦官，而是长安城中的两个草民。一个叫张韶，是个染工，另一个是算命先生，叫苏玄明。这两人平时关系很好，常聚在一块儿喝酒聊天。

一天，这俩人又凑一块儿了，苏玄明为了活跃气氛，就摇头晃脑地对张韶说："张兄，小弟前几天帮您算了一卦，大吉呀！"

张韶一听，来了兴致，忙问是什么卦。苏玄明神秘地笑道："张兄您将来必定飞黄腾达，就是坐在皇帝的御榻上和我喝酒吃菜也是有可能的。您想想，当今皇帝从即位以来，只知贪图享乐，不理朝政，待在宫里的时间少之又少，这不正是咱们哥儿俩做一番大事业的好时机吗？"

张韶听了拍手叫好，就开始幻想坐上皇帝宝座的滋味，还眉

庙堂真相

大明宫冲撞事件

大明宫建于634年，原名永安宫。662年，唐高宗扩建，次年迁入大明宫执政。在896年毁于兵乱前，大明宫一直是唐帝国的政治中心。在张、苏二人冲撞事件之前，曾经有个叫刘狗的外地人，拎着一根棒子就冲进了大明宫；还有一位长安市民，如同隐形人一样，闲庭信步地溜进了浴堂门。

飞色舞地和苏玄明讨论起怎么进宫的事来。这两个人越聊越兴奋，全然不觉这是一件性命攸关的大事，反倒是像要去度假般轻松自在。

这次谈话后，两人果真行动起来了。为了顺利进宫，他们还暗中找了很多帮手，有的是长安街头的混混，有的是染坊里的其他工人。众人听说要进宫，居然也不觉得畏惧，都兴致勃勃地商量起去皇宫游览的计划来。

没过多久，张韶等人的机会就来了。那时候，凡是染紫色的布都要用到一种紫草，而张韶工作的染坊恰巧有一个机会将一批紫草送进宫。张、苏二人商议，觉得这批紫草的数量非常多，正好可以用来藏人。

等到运送的那天，这一百多人统统躺在车上，再用草掩盖住，大家还约好进了宫先藏起来，等到晚上再一起行动。就这样，装着一百来号人的车子缓缓往大明宫驶去。运草车顺利通过了好几道关卡，直到被一个守门的小太监拦下来。

那小太监也算是观察入微了，本来草是很轻的东西，可他发现这天进宫的运草车有些不同。车轮缓慢地碾过路面，就连行驶

名臣风骨

我为谏官我有罪

敬宗荒淫，一个月才上朝三四次。一次，韦处厚对敬宗说有罪该死。敬宗问是什么罪，韦处厚说："我为谏官，先帝荒淫，不能冒死进谏，让他早死。但那时皇上已有十五岁。现在的太子还是个婴孩，我再不进谏，国家就危险了。"敬宗才明白过来，赏赐了韦处厚。

的声音也分外沉重。小太监觉得事有蹊跷，就连忙拦住了这些车辆。张韶心中一慌，就沉不住气了。他大喝一声，抽出刀就往那太监身上砍去。藏在车上的众人看情形不对，也纷纷从草堆里跳出来，手持兵器准备攻进宫里。他们中有的往兵器库跑去，想打劫一些兵器用来应付后面的状况，一些直接往清思殿冲去。这毕竟是一群普通百姓，进了宫也不过是一群乌合之众，有的看自己行迹暴露，索性就离开队伍跑到别的地方去找值钱的东西了。

张韶和苏玄明等人边杀边跑，径自往清思殿奔去。没一会儿工夫，正在清思殿打马球的敬宗就听到了动静。他询问身边的人发生了什么事，侍从们就上前禀报，说是有外贼闯进宫中，正往清思殿而来。

敬宗一听，吓得瘫坐在地，喃喃自语："外贼……外贼，这可如何是好？"侍从们看他惊慌失措的模样，连忙把他搀扶起来，劝他找个地方避避。

敬宗这时才反应过来，一挺身站直后，慌忙下令："快，快去神策军那儿避难！"

神策军中的将军马存亮背着敬宗进入军营，又命手下康艺全

社会风情

人间美女

敬宗宝历二年，浙东进贡了两个舞女：一个叫飞燕，一个叫轻风。两人长得娇小玲珑，美不胜收。每天晚上，二女歌舞一发，声音如鸾凤在啼叫，百鸟都飞过来，满院子都是。舞姿还特别优美，简直非人间所有。每次歌舞完了，敬宗就让人把她们藏在金屋宝帐里，以防阳光风雨伤了她们。

去绞杀叛贼。康艺全领着一帮士兵，气势汹汹地杀进了清思殿。一进殿，他就看见张韶和苏玄明两人正坐在榻上喝酒吃菜。

张韶颇为享受地大笑着："苏老弟的卦就是算得准，这御榻为兄今日果真是坐着了。"

苏玄明见殿外越来越多的士兵，又惊又惧，忙低声对他说："咱们也过足瘾了，还是趁早走吧。"

张韶这时才警醒过来，大呼不妙，连忙起身逃跑。然而为时已晚，两人当场就被杀死在清思殿，而闯进宫中的其他一百多人也先后被杀。大明宫中的这出闹剧很快就得到了平息，但大唐天子的皇权似乎从这一刻起，变得再也不那么神圣、那么不可侵犯，唐朝末期的叛乱也愈演愈烈了。

向历史借智慧

梦想要远大

几百年前，有人觉得去月球见嫦娥是痴心妄想，结果美国人真的登上月宫了。还有一件事，有人看到报纸上出卖一辆宝马的信息，只需要一块钱，结果他去买，人家真的就卖给他了。原来是商家的炒作。皇帝那个宝座对于草民张韶和苏玄明而言，就如同月宫里的嫦娥和一块钱的宝马，很多人都觉得这是可望而不可即的，可事实证明，如果你真有梦想，并且敢去做，梦想就真有可能实现。当然，前提是，可要想好了，一个好的梦想绝不是要拿自己的脑袋去换。

甘露之变

公元835年的一天，唐文宗跟往常一样上朝，金吾将军韩约兴冲冲地进殿报告："启禀皇上，昨夜天降吉兆，我大唐有福了。"

他话一出口，官员们都来了兴致，文宗忙问他到底怎么回事。韩约上前启奏，说昨夜在一棵石榴树上发现了上天所降的甘露，晶莹剔透，悬而不落，地点就在禁卫军大厅的后院中。

宰相李训听完韩约的话，连忙出列跪下，向文宗贺喜。其他官员见了，也纷纷跟着跪拜。文宗半信半疑，就说让李训先去察看一下。李训领了命出去，没多久便回来了，他上前奏道："皇上，微臣去看了看，但也不敢确定是真是假，不如您再派些人去查证一番吧。"

文宗微微点头："仇爱卿，不如你带人去看看吧。"他唤的正是当时的大宦官仇士良，此人善于弄权，在朝中只手遮天，就连文宗也不得不怕他三分。

仇士良看皇帝都开口了，也不好回绝。他走到韩约身边，阴沉沉地说："韩将军，带路吧。"韩约怔了怔，慌忙跨步上前，

庙堂真相

皇帝接连死于宦官之手

820年，唐宪宗被宦官陈弘志杀掉；儿子李恒即位，为穆宗，824年，穆宗去世，儿子李湛即位，即唐敬宗，826年，敬宗被宦官刘克明杀掉；唐文宗李昂即位，835年，宦官仇士良发动甘露之变；840年，文宗去世，仇士良杀太子，立李炎，为唐武宗。

为他领路。一行人出了大殿，径自往禁卫军处走去。

仇士良走在韩约身边，一路欣赏着大明宫的美景，等快到目的地时才瞟了一眼韩约。不看还好，一看便发现了身边这人有些异样。只见韩约脸色煞白，呼吸困难。

仇士良奇道："韩将军身体不舒服吗？"韩约见他突然说话，竟微微颤抖起来，支支吾吾地不知答什么好。就在这时，突然起了一阵风，不远处的帷幕也被掀开，仇士良漫不经心地看过去，帷幕后竟是一群手持兵器的士兵。

这一瞬间他才明白过来，为什么会有今早的甘露事件。这里哪会有甘露，有的不过是他仇士良的鲜血！朝堂上的皇帝怕是嫌他的权力太大了，就联合李训、韩约这些人来干掉自己。事实也的确如此，文宗和李训已经谋划了很久，最终才以看甘露为名欲诛杀他。仇士良又惊又怒，慌忙后退，飞快地跑回去找文宗。他知道，现在这种时刻，只有挟持了皇帝，自己才会有一线生机。

禁卫军的士兵们看到他跑出来，就想上去关门拦住他。仇士良见势不妙，忙怒吼一声，竟把士兵们吓得后退一步，门也不关了，任由他和一帮宦官逃了出去。此刻的文宗压根儿没料到事情会败

庙堂真相

牛李党争

牛李党争（808—846）共持续了近四十年，牛党以牛僧孺为首，李党以李德裕为首，互相攻击、排斥，李党当权时，则朝堂之上全是李党，牛党被贬到地方；牛党当权时，则反过来。唐朝的两个大毒瘤藩镇和宦官茁壮成长的同时，又有党争这个"脚气"，想不灭亡都难。

露，当仇士良带着一帮宦官冲回来时，他手足无措，仇士良上前一把抓住他，把他塞进软轿中，又让身边的宦官抬轿奔回内宫。

宰相李训回过神来，急忙去追赶载着文宗的软轿，他一路飞奔，好不容易拉住了文宗的软轿，大声疾呼："臣尚且有事启奏，把皇上留下！"宦官们哪肯听他的话，都奋力往前奔跑。

仇士良见他紧追不放，就冲过去和他打起来，没几下就跌倒在地。李训抓住时机，快速从靴中抽出一把匕首，朝他刺过去。眼看仇士良就要下地狱了，可旁边却有个宦官上前给了李训一拳，直中他的胸部。李训被击倒在地，一时翻爬不起，只能眼睁睁地看着软轿渐渐远去。

仇士良逃进内宫后，大骂文宗不仁不义，想当初可是他把文宗推到龙椅上的。为了给文宗点颜色瞧瞧，加上他认为这次阴谋可能有其他大臣参加，他怒火冲天，开始在长安城中大杀公卿大臣，最后，因为"甘露之变"而受到株连的竟有一千多人，而当时趁乱扮作小吏逃出宫的李训一样没能幸免。那身居天子之位的文宗，从这时起也被迫做了一个傀儡皇帝，几年后郁郁而终了。

向历史借智慧

给冒险家推荐一条经验

李嘉诚向人介绍自己的成功经验，说了一句话：凡事花百分之九十的力气想失败，在进行大的冒险（投资）之前，多想失败的问题，比如失败的概率是多大、最坏的结果是什么样、个人或公司能承受的最大的损失是多少、出现各种意外时能有什么补救措施……对失败的可能性思考得越成熟，成功的可能性就越大。在文宗皇帝和宰相策划的政变方案中，诛杀对象仇士良竟然还能杀个回马枪，把皇帝给挟持了……这样的冒险毫无策划可言，不要也罢！

会昌法难

公元 841 年，武宗在庆阳节时专门设斋宴请道士、僧人，并请他们讲法。席间，他非常高兴，还特意赐给道士们紫衣，却单单不赏赐任何东西给僧人。僧人们不能做到“放下”，很郁闷。他们以为是唐武宗忘记了，但有聪明的和尚认识到，新上任的皇帝宴请他们不过是做做面子，这位大嘴大鼻子的皇帝很可能是看他们不顺眼。

唐朝的皇帝们因为和道教的老子是一个姓，所以一直以来都自居为老子的后人，很推崇道教，不过大唐毕竟是开放的，多数时候也让其他教派存在，并且尽量一视同仁。所以，佛教在唐朝的发展也是顺风顺水，和皇室的关系也蛮好。唐代的建筑大气恢宏，其中不乏佛家的寺庙。香火鼎盛的寺院兴建庙宇，亭台楼阁、屋宇重重，这样辉煌美丽的佛家建筑多不胜数，而寺院的经济也渐渐强盛起来。唐朝廷规定，僧尼不用向国家缴税。唐朝中后期，社会经济日益萧条，寺院无疑成了一个很好的依托，很多普通百

庙堂真相

三武灭佛

佛教史上有三大敌人：一个是唐武宗，一个是北魏太武帝，另一个是北周武帝，谥号中都有“武”字，所以称为“三武灭佛”。“三武”中，唐武宗和北周武帝只是炒了和尚们的鱿鱼，北魏太武帝却要了很多和尚和尼姑的命。北周武帝宇文邕要灭佛时，有和尚恐吓他：禁佛可是要下地狱的。北周武帝说：“只要百姓生活安定，我下地狱又怎样。”实际上，所谓“三武灭佛”，只有北魏太武帝下手狠，其他两位只是禁佛而已。

姓为了不活在贫困线以下，就剃发出家为僧，在寺院里混个温饱。天长日久，本来是清净的佛门之地，居然成了经济实力雄厚的财团，最重要的是，在他们富得流油的同时，朝廷那里却穷得揭不开锅。

唐朝虽然是一个三教并存的朝代，但这三教间的斗争一直存在，到了唐朝中后期更是愈演愈烈。武宗在即位之前，是一个地地道道的道教徒。他上台以后，身边的道士们便常常在他耳边念叨佛教的不好，说佛道不能并存。

一次，道士们跟武宗讲法，说："李氏十八子昌运未尽，便有黑衣人登位理国。""李氏十八子"当然是说李唐皇朝了，而"黑衣人"就是暗指那些出家的僧人。这是说李家的江山明明坐得好好的，僧侣却要来取而代之。历代帝王最大的梦想，就是让自己的子孙能一直继承大统，直至千秋万代，任何一个皇帝都不能容许移位的事情发生。武宗一听，怒不可遏，由此更加坚定了灭佛的决心。

武宗最为器重的大臣就是宰相李德裕了，出于对当时的国家形势的考虑，他也力主灭佛。于是，这场著名的灭佛运动在武宗上台没多久后，就轰轰烈烈地展开了。

社会风情

生生得见五台山

唐朝文化是当时世界上最先进、最开放、最包容的文化，一个西方过来的梵僧生活一段时间后，深深爱上了它，写诗表达心意道："愿身长在中华国，生生得见五台山。"五台山，是当时佛教、道教等各种宗教并存、荟萃的地方。

公元842年，武宗严令凡是违反佛教清规戒律的和尚都必须还俗，还要没收他们的财产。这其实只是灭佛的第一战，未曾触到佛教的根本。844年，朝廷开始大肆地拆毁全国各地的寺庙，强制各处的和尚还俗，不准百姓出家。武宗为了巩固这次运动的成果，在第二年又加大力度，限定各地的寺庙和僧尼数量。那时候，就连从天竺和日本过来的僧人也不能幸免，他们在大唐的土地上被勒令还俗。

灭佛运动在武宗统治时期一直没有停止，他在位期间，共拆毁寺庙四千多座，强制二十多万僧尼还俗，曾经繁荣一时的佛教遭到了毁灭性打击。因为这次运动是在会昌年间进行的，所以又叫“会昌法难”。

武宗打击佛教的行动，虽然让唐朝的财政困难得到缓解，造就了继宪宗“元和中兴”之后的又一兴盛局面，但这可苦了当时的那些出家人。这种以政治力量来打击宗教的做法，无疑也会留下一些后遗症。

向历史借智慧

财富也是一种负担

唐武宗为什么要灭佛，因为朝廷没有钱，而寺庙里有，所以深层的原因是财富之争。人们追逐财富、想拥有财富，目的是生活得更好，但很多时候人们本末倒置，为了追求财富而损害健康、家庭乃至个人的良心。损害了健康，结果就是人死了钱没花完；损害了家庭，结果就是人活着却不快乐；损害了个人的良心，结果就是人活着却被人鄙视……对待财富，要有一颗健康的心。

仇士良之死

公元840年，唐文宗驾崩，仇士良违背文宗的遗嘱而改立文宗的弟弟李炎做皇帝，是为唐武宗。因有拥立之功，仇士良在武宗面前俨然就是老大，朝政大事几乎都控制在他手中。

武宗即位初期，仇士良根本不把皇帝放在眼中。以前，文宗在弥留之际曾考虑到继承人的事情，而他心目中的候选人现在无疑成了仇士良的眼中钉。

现在武宗上台，仇士良更是趾高气扬起来，发誓要洗刷前耻。他在武宗面前指手画脚，要皇帝铲除异己。武宗刚坐上皇帝的位子，根基不稳，无奈之下只好暂时听命于他，大开杀戒。就这样，安王李溶、陈王李成美等纷纷遇害，仇士良兴起的一场腥风血雨又开始了。

皇帝的言听计从让仇士良很是受用，到后来，他就连武宗宠信亲近的身边人也不放过，很多乐工、近侍都不能幸免于难。然而，武宗毕竟不像文宗那样柔弱，这位刚上任的皇帝刚毅果敢，他表

野史秘闻

一拳打出一个宰相

与白居易齐名、写出名句“曾经沧海难为水，除却巫山不是云”的诗人元稹，一次进京，路上碰到宦官仇士良。元稹不让路，仇士良大怒，一拳打过来，伤了元稹。这之后，元稹改变态度，开始巴结、依附宦官，后来做到宰相。

面上给足了仇士良面子，内心其实是在等待时机除掉这个大祸害。

仇士良为祸朝廷，为了保住自己的权势，一心要铲除武宗信任的人，其中就包括当时的宰相李德裕。

一次，李德裕要起草一项赦令，仇士良知道这件事后，就到神策军那里去散播谣言，说李德裕要缩减神策军的开支，大家以后都得要缩衣减食过苦日子了。仇士良是只老狐狸了，鼓动人心的事根本就不在话下。果然，他的三言两语没一会儿就在神策军中掀起了一片哗然。将士们都满面怒容，说要找宰相算账。

仇士良见状，心中狂喜不已，还火上浇油地引导了一句："这件事千真万确，将士们如果有怨言的话，不如前去理论，到时看李德裕还敢不敢减免大家的军饷。"众人一听，觉得很有道理，就手持兵器，准备集体去闹事。

神策军要闹事——李德裕这边很快知道了，连忙进宫去告诉武宗。武宗一听是仇士良搞的鬼，当时就怒道："此人不除，朝廷一日不得安宁！"

接着，武宗立刻下旨给神策军："此事是朕的意思，跟宰相有什么关系？神策军只需安守本分，如果有什么异变，杀无赦！"

名臣风骨

神童李德裕

李德裕小的时候，有神童之称，宪宗皇帝很喜欢他，经常抱着逗他玩。李德裕的父亲李吉甫，也常在同僚面前夸儿子应对敏捷。一次，宰相武元衡叫来李德裕，问他："你在家喜欢看什么书哇？"李德裕理都不理他。第二天，武元衡跟李吉甫说起这事，说您老夸儿子聪明，怎么我问他喜欢看什么书，他都答不上来。李吉甫回家一问，李德裕说："宰相是皇帝的左膀右臂，不问我国家大计，而问喜欢什么书，我当然不搭理他。"

大家诚惶诚恐地接了旨，再也不敢说什么了。

事后不久，仇士良被武宗削职贬官，他自己也深刻感觉到了皇帝对他的疏远和憎恨。回想起过去的所作所为，他深知自己树敌众多，而现在大势又逐渐远去，如果再不隐退，恐怕就要不得好死了。于是，公元843年，这个权倾一时的大宦官向武宗请辞还乡，武宗顺势答应了他的请求。

仇士良走之前，还对宫中的宦官耳提面命："我之所以能在朝中这么多年，是因为没让皇上有空闲的时间哪。你们这些人如果想要权势，那么就得想方设法为皇上搜罗奇珍异宝，让他享尽人间富贵，耽于声乐美色。只有这样，为君的才不会有多余的时间去读书观史，防微杜渐，朝中的大臣也没有机会能跟君王说上话。如此一来，诸位背靠着九五之尊，面朝着万里江山，想要什么不都是轻而易举了吗？"宦官们听了，对他佩服得五体投地。

仇士良专权期间，杀掉了二王、一妃、四宰相，被他陷害诛杀的人多不胜数。他告老还乡没多久就在家中死去，武宗在第二年又派人去抄了他的家，削去官爵，唐朝宦官专权的局面暂时得到了遏制。

向历史借智慧

不用杀人就能稳保权力才是上策

唐朝历史上出了不少位极人臣、势高于天的大宦官，但放眼看去，很少有能够善终的。权力大则大矣，但常常朝不保夕，人生只争那么几年的，甚至几年之后就身败名裂、命都保不住，还有什么成就可言呢？权臣要稳保权力，一种方法是"转正"——自己做皇帝，这个难度太大；一种就是做人收敛些，权力再大也别把力道使尽，多给自己留余地，就算将来"被退休"了，也能安享晚年。而唐朝的权宦们多数杀气太甚，一旦背上血债，做人就难了。

终于出了个“小太宗”

公元 846 年，唐武宗因为长期服食丹药，卧病在床，很快就要离开人间。一时间，朝廷内外都陷入了一股波谲云诡的气氛中，各方势力蠢蠢欲动。

宦官马元贽和仇公武等人看着朝中的明争暗斗，心中早已有了考量。他们本来想立武宗的儿子，可这些小家伙看上去很机灵，真有一天长大成人，会不好控制。倒不如立一个痴痴傻傻的亲王合适。

马元贽阴险地笑着，低声对仇公武说：“这皇帝之位怕是没有比光王李忱更合适的了。”仇公武和他相视一笑，彼此心领神会。

光王李忱是武宗的父亲唐穆宗的异母弟弟，两个宦官说他痴傻，倒也正确。这位亲王多年以来沉默寡言，外人都觉得他是一个智障者。

曾经有一次，唐文宗召集大臣们举行宴会。席间，文宗看见光王沉默寡言、不苟言笑，就对众臣说：“你们当中有谁能让光

庙堂真相

天下诸胡悉带令

宰相令狐绹很受皇帝器重，所以很多人想抱他的大腿。唐朝时，令狐氏是小姓，凡是有姓令狐的来投奔，令狐绹都像对待自家人一样，尽心尽力地照顾，帮助解决困难，待遇好得简直让人为自己不姓令狐而深深自责。有一个姓胡的人，听说与宰相同姓有好处，便给自己改姓“令胡”，冒充宰相的本家人。著名诗人温庭筠写了一句诗讥讽这种人：“自从元老登庸后，天下诸胡悉带令。”

王开口说话，朕便重重有赏。”

群臣领命后，都走到光王身边，绞尽脑汁地想让他开口。谁知光王仿佛是个哑巴，任谁在他面前说笑逗趣，他都一副目光呆滞的痴傻模样，众人纷纷拿他没辙。从这以后，朝廷内外便开始传言，说光王是个傻子。

正因为这样，马元贽等人才想到了这个呆傻的亲王。这样一个傻子是最合适当傀儡的了。于是，武宗一逝世，光王李忱就被宦官们拉到龙椅上，这就是唐宣宗。

令人想不到的是，宣宗一即位立刻像变了个人，之前的呆傻一扫而空。他让人把太宗的《贞观政要》写在屏风上，时刻不忘仔细研读，又勤于政事，帝王之术在他的手中运用自如。仅在操控臣子上，宣宗皇帝就非同凡响。

最得他眷顾的宰相令狐绹就曾说过：“我秉政十年，皇上对我非常信任，但是在延英殿奏事时，没有一次不是汗流浃背。”

宣宗执政还不到一年，就将武宗时最宠信的大臣李德裕贬官，而为祸朝廷已久的党争也在他的强力干预下销声匿迹。

据说，有一次宣宗下朝后一副惊恐万分的样子，问身边的人：

庙堂真相

当领导的秘诀：一手软，一手硬

宣宗喜权术。宰相来汇报工作，宣宗故意把自己弄得高高在上，不可仰视。当汇报一会儿后，皇帝又换上温和笑容，和宰相扯些街头闲事、宫里新闻。过一会儿，又换上皇帝威严，板着脸孔。该下班了，就对宰相们说些诫勉的话：“诸位要努力呀！我每天都担心你们不给我好好办事，如有违法，以后就见不着面了！”

“站在宰相位子上的是谁？朕坐于朝堂，只觉得他面带杀气，甚是吓人。”众人听后，就回答说那是宰相李德裕。

宣宗神色不佳，直说：“此人留不得，日子长了，若冲撞到朕该如何是好？”曾经位高权重的李德裕就在宣宗兵不血刃的情况下被贬，之后再也没有回到长安。

宣宗是一个很有原则的皇帝。曾经有一段时间他胃口不好，身体每况愈下。后来，一个叫梁新的医生为他治病，药到病除，宣宗非常开心。他问梁新想要什么赏赐，并说自己一定帮他办到。

梁新一听，心里乐开了花，就说自己想要做官。

宣宗一听，冷冷一笑。做皇帝的本来金银珠宝什么都不缺，要给官位也是易如反掌的事，况且眼前的梁新也算是有恩于自己的人了，做大官自是不在话下。然而在宣宗时候，任命官员不仅要经过调查，他自己也要百般斟酌，慎之又慎，面前的这位梁新居然仗着治好了他的病就想做官。

宣宗也没多想，当即就拒绝了梁新的请求，只赐给他一些钱财布帛，便让他回家了。

宣宗统领朝政的十几年间，公正严明，再加上他天生聪慧，

野史秘闻

宣宗嫁女

开始时，宣宗准备选进士于琮为驸马，和永福公主成亲，于是接连给于琮升官，赐紫色官服。但不久，这事突然就没下文了，宰相于是来了解情况，宣宗说：“永福公主脾气不好，近来和我一起吃饭，当着我的面把筷子都折断了，这样的女人怎么可以做士大夫的妻子呢？”就把另外一个女儿广德公主嫁给了于琮。

善于纳谏，当时人都说他的执政有贞观遗风，他也被人尊称为“小太宗”。

宣宗李忱的励精图治，使得我们在时隔一千多年后，仍然能够在9世纪混乱不堪的历史迷局中，有幸瞥见一抹盛唐的余晖。可惜的是，这只是余晖，而不是旭日。

向历史借智慧

傻人有傻福

有句话叫“傻人有傻福”，有人是真傻，有人是装傻，光王属于后一种。在小说、影视剧里，笑到最后的，大都是看上去有点憨头憨脑的人。黄蓉几近于奸猾，但她最爱的人是“呆头鹅”郭靖；许三多被人称为傻子，可凭着“不放弃，不抛弃”的傻劲，终于超过了他的战友，成为伟大的士兵。傻人有傻福，有一定的科学道理。“傻”的隐含之义就是执着、坚守，执着于一种精神，坚守着一种道义。“福”是老天赏赐给他的礼物。

桂林兵变

公元868年，从徐州（今江苏徐州）远赴桂州（今广西桂林）戍守六年的将士们终于要回家了，大家已经在这里待了整整六年，现在归期将近，人人都欢天喜地。

六年前，南诏国和大唐发生冲突，徐州方面奉朝廷之命派了两千人前去支援。军队走到桂州时，又从里面分出八百人驻扎于此。朝廷同时承诺，三年后他们便可以回家。这是上面的命令，士兵们虽然想家，但不得不接受。实际上，这些当兵的在桂州的三年并不好过。桂州的将领严苛残暴，不把他们当人看，是回家的梦想一直支撑他们熬过了三年。可是三年后，朝廷又下令，说国家有困难，让他们再延期三年。士兵们大怒，但还是忍了下来。

三年很快就过去了，将士们准备回家，但没有路费，他们向上级要，可上级告诉他们："现在朝廷不比当年，你们回家的路费到现在还没筹齐，不如再等一年吧。"

士兵们气得七窍生烟，他们已经远离故土长达六年，朝廷却

庙堂真相

及瓜而代

春秋时期，曾发生过一次和"桂林兵变"类似的事情。齐襄公派大臣连称和管至父去戍守葵丘，瓜期时（七月）派他们去，答应等到第二年瓜期时就派人代替他们，让他们回来。可是一年过去了，瓜都烂在地里了，齐襄公还不让他们回来。有人提醒齐襄公，齐襄公依然如故。这两个人很生气，便带领部队直奔都城而来，冲进王宫，杀了齐襄公。这就是"及瓜而代"的故事。

一再失信。他们心想，倘若现在答应留下，那出尔反尔的朝廷在一年后会不会让他们再延期？一次次的妥协，换来的恐怕只是朝廷的得寸进尺。

众人聚在一起商量：“现在的朝廷哪还有信用可言？咱们这些人如果再等下去，怕是这辈子得客死异乡了。倒不如一起回家，也不要路费了。”

此话一出，众人喝彩。但众人都明白，不经上级允许而擅自回家，就是逃兵，是要被砍头的。所以，一起回家的意思其实就是造反。

七月的一天，众将士推举出一位管理粮食的下级军官庞勋做首领，在桂州发动兵变。八百名士兵首先冲向军械库，抢夺兵器，杀掉那些总想让他们客死异乡的人，然后一路直奔徐州。

这是兵变，更是叛乱！

朝廷一边派人安抚这些人，说会沿途保护他们平安回家；可一边却暗暗集结军队，准备将其一网打尽。士兵们对朝廷的言而无信早就深深领教过了，现在他们既然发动了兵变，又怎么会轻易相信朝廷会宽恕他们呢？

野史秘闻

文学爱好者宣宗

宣宗工作之余，经常写诗，还与翰林学士们互相探讨诗艺。一天，新写了一首诗，给学士萧寘看，萧寘说：“您这首诗，就是‘湘水日千里，因之平生怀’都比不上啊。”第二天，宣宗问宰相韦澳这两句诗的出处。韦澳说：“这是南朝齐国沈约的诗。萧寘认为陛下的诗清新，就用沈约的诗来比喻。”宣宗不高兴了，说：“沈约只是个官员，我是皇帝，用他来比喻我，这像什么话！”于是把萧寘贬到地方上做官去了。

庞勋为了坚定众人的反心，就说："我们现在擅自回徐州，为的不过是见见我们家中的父母妻儿，但现在朝廷昏庸无道，怎么还会对我等存有仁义之心呢？既然听信他们的片面之词是死，那我等倒不如团结起来，求一个荣华富贵，如何？"将士们一听，都高声叫好。

于是，他们召集人马，一路势如破竹，迅速攻取了徐州。当时徐州城的百姓们听说是起义军来到，都拍手称快，徐州城很快被攻破。庞勋等为了安抚民心，特意向城中的百姓许诺，说起义军进城以后一定会严肃军纪，秋毫不犯。

唐朝末期，统治者哪里会管百姓的死活，但现在起义军这般看重他们，于是大家争相归顺庞勋，最后，城里竟有上万人自愿跟随庞勋。

起义轰轰烈烈地开展起来，但日子一久庞勋等人就变得骄横起来，再加上朝廷的有力打击，桂州兵变在一年多后便以失败告终。

兵变虽然历时仅一年零五个月，但在短短的一年多的时间里，几乎天天都有血战，双方死伤共计十余万人。长江流域和黄河以南地区，大部分受到影响，残破不堪，民不聊生。

社会风情

优人不得干政

演艺人员祝汉贞，侍奉过数位皇帝，为人有急智，言语风趣诙谐，很受皇帝喜欢。有一回，宣宗皇帝和祝汉贞聊天，说些家常话，祝汉贞一时大意，发了些朝廷大臣长短和国家大事的议论，宣宗皇帝顿时不高兴了，严肃地批评他："我养着你们这些演艺人员，是图个乐子而已，竟敢议论起国家大政来了！"开始疏远祝汉贞，后来他的儿子犯了贪赃罪，皇帝命令处死，又把祝汉贞发配边疆。

帝国在此充分显示了它的腐朽。一个小小的兵变居然发展成为一场声势浩大的起义，从广西一路到江苏，历时一年多，朝廷调集了十几万大军才把它镇压下去，这已经是黄巢起义的预演了。

这是给唐王朝敲响的一次警钟，说明它已经失去了天下民心，而造反者如雨后春笋般举旗而出，曾经辉煌的李唐王朝离末日越来越近了。

向历史借智慧

人应该讲诚信

一个政府要讲诚信，一个人也要讲诚信，很多以谋利为天职的商人都懂得"诚信为本"，懂得"好人品才会有好生意"的道理。17 世纪，荷兰人有"海上马车夫"之称，垄断着当时的海上运输业，这不是因为他们军事强大，而是因为荷兰人讲诚信。有一个故事说，一艘荷兰运输船在海上迷路，当他们终于归来时，货物完整无损，船员却死了一半。这件事震动了无数人，荷兰的海上运输业由此发达起来。可以说，荷兰整个国家的命运，就因一支船队的"诚信"而改变。

第七章　日落九世纪——大唐帝国的消失

唐朝走到唐僖宗的时候，已经像个靠呼吸机和心脏起搏器度日的糟老头子了，纵使尧舜复生，也不能挽救。一个不能考中的读书人兼私盐贩子黄巢举起了民变的大旗，唐帝国根本无法面对这样的重击，都城长安很快被风驰电掣的黄巢军团攻陷。不过，黄巢军团自身也有缺陷，因为他不建立根据地，所以在唐帝国各藩镇的反扑下很快灭亡。

黄巢虽然没有使唐帝国灭亡，但他的衍生物——一个叛变他的叫朱温的人，通过杀戮宦官和文臣，把唐政府的中央彻底掏空，随即又凭借卓越的军事才能和狡诈，夺取了唐帝国的江山，这一年是907年，朱温建立的国家，被历史学家称为后梁。

至此，唐朝灭亡。

黄巢称霸

公元880年，在潼关进行了一场大战，交战双方分别是黄巢率领的起义军和曾经南征北讨过的唐军。

起义军浩浩荡荡地压向潼关时，人数达到了六十万。当黄巢一出现在战场上，军队里爆发出震天动地的欢呼声。士兵们高举手中的旗帜，气势如虹，喊杀声吓得唐军龟缩不出。他们手中的兵器直指唐军，誓要夺取胜利。黄巢发出号令："夺潼关，进长安。"士兵们欢呼雀跃，纷纷响应。

这场战争的胜负在此刻已经开始见分晓，唐军都丢盔弃甲，有的跪地讨饶，有的四下逃窜，起义军就这样凭着浩大的声势占领了潼关，往长安而去。这支起义军是唐代规模最大的一次农民起义，他们的出现沉重打击了唐王朝，使得这个已近末路的王朝离末日只有一步之遥。

其首领黄巢是一个十分传奇的人物，他文武双全，好打抱不平，在起义之前还参加过朝廷的科举考试。当时唐朝的政治腐败不堪，

庙堂真相

农民起义都毁于腐败

875年，黄巢起兵；877年，王仙芝被杀，黄巢称王，号称大军百万；880年底攻陷东都洛阳；881年年初，进入长安，黄巢称帝；883年，唐军反攻，黄巢被迫撤出长安，一路上拿百姓当人肉军粮，据说达三十万人；884年秋，兵败，被杀。历史上农民起义是靠百姓起家，但取得一定胜利后便开始腐败、折腾百姓，最终走向毁灭。可叹！

不少有志的读书人都得不到重用。黄巢在考了几次都不中后，就彻底断了走仕途的念头。有感于当时的社会动乱、朝廷腐败，他还曾题诗一首："待到秋来九月八，我花开后百花杀。冲天香阵透长安，满城尽带黄金甲。"

黄巢的雄心抱负并没有因为仕途不顺而放弃，之后他和一个叫王仙芝的人凑在一起贩卖私盐。唐朝末年经济萧条，官府定的盐税也非常高，盐价因此飞涨。百姓们都穷得买不起盐，其中有的人为了逃避官税，依靠贩卖私盐挣钱。黄巢和王仙芝就是在常年贩卖私盐中慢慢积蓄了力量。终于，在唐僖宗即位的那一年，他们集结了几千人起来反抗朝廷。

开始的时候，王仙芝带着起义军南征北讨，吓得唐军闻风丧胆。朝廷在无法抵挡的情况下，就派宦官去招降他，许以高官厚禄。

王仙芝一听有官做，就动了心，忙向朝廷表示愿意投效。黄巢知道后，气急败坏地跑去找王仙芝，质问道："我们兄弟当初早有约定，说要一起打天下。现在朝廷不过是给你一个小官做，你就要背弃当初的誓言吗？兄弟们好不容易有了今天这个局面，你去做官了，我们这些跟随你的兄弟怎么办？"

庙堂真相

天子宁有种耶

只要有实力，谁都可以做几天皇帝。五代时，安重荣先是后唐大将，后投靠后晋石敬瑭。但石敬瑭认契丹皇帝为父，自己是儿皇帝，安重荣很不满，与石敬瑭渐渐离心离德。也许是看多了唐末五代以来军阀们你方唱罢我登场的故事，安重荣也想自己做皇帝，他说："天子宁有种耶？兵强马壮者为之耳！"——皇帝这玩意，跟天意无关，只要兵强马壮，就能当皇帝。

王仙芝也有些愧疚，但他仍然想做官，所以就支支吾吾了半天，也不愿意表态。黄巢看他一副鬼迷心窍的样子，气得冲过去狠狠打了他一顿，又对底下的将士们说：“今日我黄巢在此跟王仙芝恩断义绝，愿意跟我走的弟兄，他日我定不辜负你们，不愿意走的就此分道扬镳吧。”

事后，王仙芝虽然暂时赶跑了朝廷派来招降的人，但黄巢还是和他散伙了。黄巢领着自己的军队往东去，边走边打，队伍也越来越壮大了。就在攻陷潼关的这一年，起义军浩浩荡荡地开进了长安城，黄巢称帝，国号大齐。军队进入长安时，百姓们都兴高采烈地夹道欢迎，大将尚让当众许诺：“黄王进入长安，是为了你们能安居乐业，我们不会像唐朝的那些皇帝一样压迫你们，我等在此承诺，在长安城中一定秋毫不犯。”说完，他还让手下的将士把一路抢劫来的财物分给长安城中的百姓。

然而，尚让的这个诺言并没有兑现。几天以后，起义军开始在京城烧杀劫掠，城中百姓惶惶不可终日。黄巢的起义真如他诗中所说，如同万千菊花在秋天一夜绽放，但任凭它香气逼人、妖娆多姿，寒冬一旦到来，失败也在所难免。

向历史借智慧

不读大学也能有出息

虽然黄巢参加的是科举考试，但我们还是喜欢把他比作高考落榜者。读大学只是人生出路中的一条，三百六十行，行行出状元。黄巢如果当年考上了，依他的脾气也只能淹没在唐帝国的官员堆里。正是因为他没有继续走这条独木桥，独自开辟了一条造反的大道，所以才青史留名。所谓条条大路通长安，随便选一条，只要方法对、态度坚决，就能到长安。

朱温叛变

朱温是黄巢手下的一员猛将，黄巢打下同州（今陕西大荔）后，就命其镇守。河中节度使王重荣奉长安的命令要夺回同州，于是和朱温打了起来。初次切磋，王重荣就用上全力，士兵如蚂蚁一样向城墙上爬。王重荣人多，朱温人少。好狼架不住群狗，所以朱温写信向黄巢求救。谁知这信件落到了黄巢的秘书孟楷手里，孟楷跟朱温一向不和，一看朱温有难，高兴都来不及，怎么可能让黄巢知道呢。于是，他私下扣住了朱温发来的多封求援信，每天吃斋念佛求佛祖保佑王重荣攻进同州，把朱温当猪一样地杀掉。

朱温在同州苦苦等待援军，但援军迟迟不来。这时，他身边一个叫谢瞳的谋士对他说："将军，现在起义军早就不是当年刚刚起兵的起义军了，内部混乱不堪，人人都在自谋出路，哪还有心思来救你呢？"

朱温本来就是重利轻义的人，听到谢瞳的话，便有些动摇了。谢瞳又接着说："依在下看，黄王（黄巢）不过是趁着朝廷失道

社会风情

唐朝有个喝尿官

869年，河南大旱，老百姓向官老爷崔荛报告旱情，请求赈灾，崔荛很不耐烦，指着院子里的几棵树说，你看树上还有叶子，长得好好的，哪来的旱情？还把来人抓起来就打一顿板子。但旱灾就是旱灾，老百姓活不下去了，冲进官府把崔荛狠打了一顿，崔老爷渴了没水喝，老百姓就灌尿给他喝。

才能有些作为，而现在朝廷登高一呼，就有这么多的将领追随，想来大唐气数未尽吧。将军，您若是继续跟着黄王造反，怕有朝一日连自身都难保。俗话说，识时务者为俊杰，您不如见机行事，何必要在一棵树上吊死呢？”

谢瞳话一说完，朱温已经做好了决定，说：“不错，黄王虽然进驻长安，但不思进取，说白了不过是一介反贼。以往倒罢了，现如今我深陷险境，也无人来救，我何不投降朝廷，另求富贵呢？”他的部下看他投降的决心如此坚定，都表示愿意追随。

没多久，朱温把黄巢派在身边的监军杀掉，紧接着又向朝廷递交降书。他向王重荣诚恳地表达了归顺朝廷的诚意，并表示今后愿意鞍前马后效劳，尊王重荣为舅氏，一效犬马之劳。王重荣看他诚心归顺，自己还白捡了一个有本事的外甥，当即乐得哈哈大笑。

作为黄巢身边的心腹大将，朱温去投效朝廷，黄巢这边不只是损失了一个人才，还等于是把自己的根底透露给了唐朝廷。他知道后又惊又怒，大骂朱温是叛匪。

朱温投降之后，黄巢就开始连连惨败。公元 883 年，唐朝大

野史秘闻

宁降叛军，不降老婆

宰相王铎，地位、人望都很高，但只有文雅，而无武略。王铎怕老婆，他带着小妾在荆州做军事长官，黄巢大军打过来，有人报告说，夫人也正往荆州赶过来了。王铎左右为难，对属下说：“黄巢从南边打过来，夫人从北边赶过来，如何是好呢？”幕僚开玩笑说：“不如投降黄巢。”荆州失守后，又带兵镇守潼关。黄巢派人给他传话：“您是儒生，打仗不是我的敌手，还是快撤吧，不要脏了我的刀！”于是，撤出潼关，跟随僖宗去了四川。

军兵临长安，起义军连番出战都不敌，万般无奈之下，黄巢撤出长安城，建立了三年的大齐政权也轰然倒塌。他领着败兵边打边退，朱温边追边打，黄巢眼睁睁地看着身边的士兵离开人间，而朱温那边却如有鬼助一样，士兵似滚雪球般增加。

884年，黄巢攻打陈州（今河南淮阳），失败后逃走，唐军紧追不舍，一直把他追进了山东泰山狼虎谷，在这里，黄巢被部下所杀。震动大唐的黄巢起义，最终以这样凄凉的结局收场，朱温功不可没。

向历史借智慧

把敌人变成朋友，把朋友变成更好的朋友

有人指出，在人际交往这件事上，最理想的情形是，把你的敌人变成朋友，把你的朋友变成更好的朋友；最糟糕的情形是，朋友突然成了敌人，之前的敌人还是敌人。朱温的叛变，对于黄巢来说，就属于这种最糟糕的情形。虽然有小人从中作梗的因素，但这个苦果，只有黄巢自己来吞。生活是不会接受辩解的，是苦果是甜果，都得自己负责。

上源驿宴会

朱温投降大唐后，他的前任老板黄巢派兵来汴州攻打他。起义军当时的兵力很强，朱温渐渐招架不住了，只好找李克用求救。

李克用是朝廷平叛黄巢的大功臣，手下一群穿黑衣服的特种兵，所向披靡，被黄巢的士兵惊恐地称为“乌鸦军”。当他接到朱温的求救信后，便亲自带兵增援。黄巢的军队一心对付朱温，哪会想到半路杀出了一个李克用。所以，当他的军队赶到时，起义军被杀了个措手不及。李克用见自己出其不意、攻其无备的这招起了作用，更是杀得兴起。

黄巢眼见大势已去，只好撤兵逃走。李克用为了一举铲除他，又亲自率军紧追不舍。他和起义军边走边打，一路风驰电掣，一天一夜就急行了二百里，本来人数不少的骑兵到了最后，也只有几百人能跟上他。此时人困马乏，粮草也一时供应不上，他本来想把起义军一网打尽的念头不得不打消。

李克用颇为惋惜地回到汴州，准备补充军粮后再继续追击。

社会风情

历史上最著名的十三太保

李克用是唐末最重要的武装力量之一，他收了十三个干儿子，号称“十三太保”，个个都是猛将，其中有两位还做了五代时后唐的皇帝。以后“十三太保”成为很多人效仿的对象，军阀们喜欢把自己的手下人凑成“十三太保”，混社会的小青年也动不动就组一个“十三太保”，觉得很拉风，其实不堪一击。

朱温看他回来，就非常热情地接待了他，还满口的赞美之词，千恩万谢地说要大摆筵席招待他。

李克用的为人处世跟这只老狐狸相比，自然是相差甚远。他没有疑心什么，便爽快答应了赴宴。这一天，李克用应邀来到汴州城外的上源驿赴宴，朱温在席上跟他称兄道弟，亲自为他斟酒夹菜，好不热情。李克用年轻气盛，加上自己对朱温又有恩，说话也就渐渐没了顾忌。他指着朱温说："朱将军打不过黄巢，不符常理呀。"朱温毫不提防，问了句："为什么？"李克用不怀好意地笑了，说："以毒攻毒，以贼攻贼，这是常胜之法。你当初也是个贼，怎么就打不过黄巢那贼呢？"说完，就哈哈大笑起来。李克用是个管不住自己嘴巴的人，朱温可是能管住自己的心——杀心。在宴会上，朱温不动声色，吃完饭后，他决定干掉这个李臭嘴。

他再三请李克用在自己的驿馆休息，李克用喝得酩酊大醉，连路都走不动，只好答应下来。

深夜，朱温暗暗召集了一帮将士，对他们说："你们跟随我朱温一路走来，我本来想大家有福同享的，但现在那李克用年轻

野史秘闻

军阀学论语

魏博军区司令韩简，一介武夫，但很有上进心，常常为自己跟读书人没法说话而感到羞耻。有回找来一个秀才，给自己讲习《论语》。这天学了"三十而立"这一句，第二天，就跑去拜访属下们，说："我今天才知道古人有多淳朴，到了三十岁才站得起来。"听到的人个个笑得倒在地上。

气盛，今后怕要抢去我等不少功劳了。”他状似惋惜的一叹引得众人也心有不甘。

朱温见状，又道：“现在他正在我的驿馆休息，我等不如一不做二不休，今晚就将他结果了，免得日后他不知还要生出多少事端来。”众将士见他已经下定决心，便决定跟随他行动。

半夜，李克用休息的驿馆被人团团包围，无数火箭射进驿馆中。李克用本来正睡得香，突逢变故，惊得起身寻找出路。他心中又痛又怒，却被困在火海中。也算他命不该绝，就在这危急时刻，天空中突然雷电交加，倾盆大雨也应声而至，火竟被淋熄了。当李克用逃出去时，跟随在左右的骁勇将士为了保护他安全逃脱，一一阵亡。李克用看着众人的尸身，咬牙切齿地发誓：“朱温这小人恩将仇报，从今以后我跟他势同水火，有生之年一定要将他千刀万剐，一报今日之仇！”

从这以后，朱温和李克用这两派势力就结下了仇，在唐末乱世中争斗不休。

向历史借智慧

一堆优点架不住一张臭嘴

祸从口出，李克用的尖酸刻薄给自己惹了祸，没被同样心狠手辣的朱温烧死，实在是天大的侥幸。我们要记住，人长一张嘴，主要是用来吃饭和赞美人的，不是用来挖苦人的。一个人如果不幸有一张臭嘴的话，即使有再多的优点也不顶用，该得罪的人得罪光了，不该得罪的人也得罪光了，这样的人很难做成事情，甚至还可能遭受莫名其妙的挫败。

朱温屠宦官

公元901年，宦官韩全诲为了保存实力，劫持了唐昭宗去凤翔投靠李茂贞。

李茂贞是当时很有实力的军阀，占据凤翔一带形成割据局面，久而久之就起了反心。昭宗即位后，很不满他对朝政指手画脚，想过要把他除掉，于是找到一脸才气的宰相杜让能，让他掌管征讨李茂贞的事。

杜让能脸上的才气不符实，所以百般劝阻唐昭宗不要如此，他解释说，现在的朝廷已经虚有其表，大四方的藩镇主如果有心谋反，朝廷除了偷偷骂娘外，别无他法。但唐昭宗心意已决，无论杜让能怎么说都不想更改。

想不到，讨伐的军队与李茂贞一接触，就溃如山洪。李茂贞一直追到长安城下，又追进了长安城的大明宫，杜让能为了让李茂贞息怒，自请死，李茂贞成全了他。

宦官韩全诲急中生智，挟持着唐昭宗去凤翔见李茂贞，以示

庙堂真相

宦官之祸甚于虎

文宗鉴于祖父宪宗、哥哥敬宗被宦官弑杀，很想杀尽掌兵宦官，谁知没计划好反被控制。从此，文宗闷闷不乐，左右神策军的球赛、宴会也不参加了。一次，召来敢于直言的周墀问道："你看我比起周赧王、汉献帝，如何？"周墀很惶恐，问怎么拿这两个人作比。文宗说："他们两人受制于权臣，我却受制于家奴，比他们还惨。"说着哭出声来。自此以后再不上朝，直到去世。

忠贞。李茂贞见皇帝都来了，很高兴。

可讨厌的朱温不让他高兴，以勤王为口号，很快就带兵杀到，并在城外叫嚣要诛杀宦官韩全诲，救回唐昭宗。李茂贞叫人出去和朱温理会，结果大败而归，于是，闭门不出做起了缩头乌龟，朱温叫人攻城，李茂贞的士兵誓死守护，朱温无奈，只好围困。

两方人马就这样僵持了一年多，朱温只是浪费了点时间，李茂贞却在消耗生命。别的不说，朱温身处城外，粮食物资能够源源不断地送过来，但凤翔城内早已弹尽粮绝。当时城中饿死和冻死的人不计其数，就连皇帝唐昭宗也只能每天磨点儿豆麦喝粥，到后来连一点力气都使不出来了。皇帝尚且如此，百姓可想而知是什么样子。

城里所有能吃的东西都被吃光了，最后人吃人的事开始发生。李茂贞看着城中凄惨的景象，心如死灰，他知道，凤翔是守不住了。903年，李茂贞向朱温投降。为了表示诚意，他还把韩全诲等二十多名宦官悉数杀掉，又砍下首级送给朱温。

朱温笑逐颜开，夺了李茂贞的很多领土后，便决定休战，而早已形同傀儡的唐昭宗就这样落入了朱温手中。这位本来胸怀壮

社会风情

宦官多出闽粤

唐朝中期，地方官都向朝廷进贡宦官，称为“私白”。而以闽地、岭南为多，而且这些地方的宦官后来都掌握了大权。当时，人称闽地为“中官（掌握兵马大权的宦官）窝”。

志的皇帝此刻终于明了，朱温虽然打着勤王的旗号，但自己对他而言早已形同虚设，这一次虽然能重回长安，但大权也注定要旁落在朱温手中。

等一行人回到长安后，昭宗迫于无奈，只好让朱温掌权，一场血腥的屠杀开始了。多年以来，唐朝廷深受宦官专权的危害，朱温看自己现在大权在手，为了以防万一便动了杀心。他对底下的将士说：“朝廷晦暗不明，朝政腐败，这些都是宦官造成的。现在我们手中兵多将广，岂会怕了这帮阉人？现在为绝后患，我准备将他们彻底铲除，诸位认为如何？”将士们纷纷表示赞同，便开始商议诛杀事宜。

一天，朱温召集将士把宫中的数百名宦官赶到内侍省。宦官们不明所以，看着眼前一帮杀气腾腾的士兵，都瑟缩在一起不敢开口。朱温一声令下，士兵们刀剑出鞘，一拥而上，见人就杀。宦官们被团团包围，根本就逃不出去，只能哭喊着求饶，哀号声听得人心惊胆战。

士兵个个都杀红了眼，哭叫声慢慢弱了下去，数百宦官无一幸免，都倒在了血泊中，空气中是让人呕吐的血腥气，杀戮终于

庙堂真相

唾面自干

娄师德向弟弟传授做官心得，说：“我并不能干，而当了宰相，现在你又当上了地方长官，兄弟都居高位，会遭别人嫉恨。你说说看，你有什么法子保全自己？”弟弟说：“就算有人往我脸上吐口水，我也不吭声，自己默默擦掉。”娄师德感叹：“错了！这正是我担忧的。有人唾你，是生气了；你擦去，就是表示不满。唾过来的口水不用擦，自己会干的，你何不笑着接受呢？”

结束了。最后，大明宫中的宦官只余下了几十个幼的、弱的，毕竟宫里还有不少的活儿需要宦官来做，而在各地藩镇担任监军的宦官，也被朱温以唐昭宗的名义下令就地诛杀。

曾经让许多大唐皇帝费尽心神的宦官专权局面终于结束，从这一点来看，朱温还真是为大唐做了件好事。

向历史借智慧

恶人自有恶人磨

有人曾提醒唐宪宗，说宦官迟早成祸害。唐宪宗不屑地说，这些家伙就是毫毛，想要搞他们，只需要吹一口气。后来，唐宪宗自己就被这些所谓的"毫毛"整死了。唐朝的宦官因为有枪杆子，所以把皇帝当成自家后园的大白菜，想种就种一棵，想砍就砍一棵。结果，他们遇到了枪杆子比他们还硬的朱温，就再也不能活了。

白马之祸

唐天祐二年（公元905年）三月，朝廷中掌管国家礼仪大典的太常卿之位空出，宣武节度使朱温向宰相裴枢建议，让自己手下的张廷范出任太常卿。

裴宰相很温和但很直接地拒绝了朱温，理由是，按照惯例，太常卿该由“清流”人士来担任。而张廷范是“胥吏”，很不巧，按照惯例，正好与“清流”相对。

朱温真是哭笑不得，他一直以为裴枢是个识大体、顾大局的人，想不到也是个形式主义者。难道这位宰相大人没有看清楚此时的形势，还一味地抱着士大夫病态似的“清流”主张不放？

该年五月，出现星变。朝中另一位非清流宰相柳璨——此人不是不想入清流，是清流人士认为他出身贫贱不要他——跟朱温讲，朝中这些士大夫对您辅佐天子的行为很不满，常妄自议论，如今天有异象，据星象专家解释，这预示着君王大臣将有大难，要破解此天象，必须杀人。

庙堂真相

清流与浊流

唐代，选拔高级官吏的主要途径靠科举。唐朝后期，藩镇势力做大，迫切需要人才，所以，很多有能力的知识分子不通过科举也能为自己谋取一官半职。这些人与国家的“统招生”形成鲜明对比，而被称为浊流。另外，在科举内部也有清浊之分，进士科出身的就要比明经科出身的牛气一些，自分清浊。最后一个条件就是门第，特别是晚唐，门第成了清流的一个重要条件。

朱温当然明白柳璨说这些话的意图。一个饱受仁义道德教育多年的知识分子居然一开口就是杀戮，阴损狠毒之心比他这个武夫也差不到哪去。朱温很明白，柳璨要他杀人，并不是出于对他的未来的考虑，而是出于自己的私心。

他当时还很犹豫，但当他的亲信，一个被清流人士蔑视的知识分子张策跳出来，跟他讲应该让这些清流朝臣“消失”时，他有点心动了。第一，张策是他的亲信自然会为他着想；第二，张策的理由很符合他的心思。张策说，不要小看这些文弱的知识分子，他们制造舆论的能力还是很强的。

接着就是谋士李振，这位在科举考试路上走得一点都不顺畅的在野知识分子，最痛恨的就是清流人士。在李振看来，他之所以考不上，就是因为这些人垄断了中举名额。他跟朱温讲，朝廷之所以纲纪紊乱，都是这些家伙的功劳，他们常自诩清流，大王以后要想成大事，非做掉他们不可。

李振的意思是说，这些人是非分明。恨这个就必须爱那个，重这个就必须轻那个。他们肯定站在一边，即使站错了，他们也维护那一边的利益。如今，这些人都站在唐天子那一边，所以，

野史秘闻

军阀也爱秀才

李习吉是宰相李林甫的后人，参加科举一直不成功，但很有才干。黄巢之乱后，李习吉在军阀李克用手下做事，掌管起草文书、檄文之类，又快又好。朱温每次读到李习吉写的檄文，无不赞叹，对自己手下人说：“李克用计谋超群，现在又有了如此人才，真是好运气呀！我朱温与李克用，计谋相当，如果也有一个李习吉这样的人才，那就是如虎添翼了！”

必须杀掉。

朱温被说动了。同时，他又想起了裴枢拒绝自己属下做太常卿那件事，心中的火被点燃。几天后，他命令唐哀帝下了两道旨：第一道是封张廷范为太常卿；第二道是贬三个宰相裴枢、独孤损、崔远为刺史。

这三个人都是清流人士，他们被贬，自然引起了其他清流人士的愤怒。朱温对付这种愤怒的办法很简单，继续贬斥。于是，吏部尚书陆扆、工部尚书王傅在同一天被贬。紧接着，已经退休的太子太保赵崇、兵部侍郎王赞也被逐出朝廷。

在这些人之后，朝廷中但凡有所谓清流之士头衔的人，都被朱温逐出朝廷去做地方官。到了该年六月份，被贬斥的朝廷重臣已有三十多位。

朱温索性一不做二不休，几天后，以唐哀帝名义下旨，聚集了裴枢等被贬高级官员三十多人于白马驿（今河南滑县），在一夜之间将其全部杀掉。

一直考不中的李振又站了出来，跟朱温讲，这些人一直以“清流”自居，我们把他们的尸体扔进黄河，永为“浊流”。

名臣风骨

要是真贤明，就不跟你这个领导了

唐昭宗想发兵攻打凤翔军阀，问孔纬的意见。孔纬说：“凤翔是天子的西门，如果去攻打，就会因一面而丢失全局，大事就不好了。”昭宗不高兴，责问他：“你是我的贤臣，怎么这样不懂时务呢？”孔纬回答得更理直气壮：“您认为我贤明，那是您看错我了；我如果真是贤明的话，还会在您的朝廷里做官吗？”不久就称病辞职。

朱温大笑，同意了。三十多具尸体被扔进了黄河，转眼就消失得无影无踪。后来人们把发生在白马驿的惨案称为“白马之祸”。在接下来的几天里，朱温把不肯依附自己，且又自认为门第高贵，或经由科第出身的高级官员，都诬为朋党。因此而被杀掉的有数百人之多，唐廷为之一空。

向历史借智慧

得意时不骄，失意时不卑

能力强、做得好，就会遭人嫉恨，能力弱，或者怀才不遇的时候，又容易被人瞧不起，当做出点成绩、事业有起色的时候，“小人”惹不起；而当人微、位卑、言轻的时候，“大人物”的傲慢与轻蔑，咱也会遇见很多。人生如何自处？这可是个难题。生活的经验告诉我们：当人生顺风顺水时，一要懂得藏拙，二要留人以余地；当身处逆境时，也千万不要有报复人的心思，自强才是唯一的出路。

朱温代唐

时间到了公元904年，这时候朱温已经牢牢控制了唐昭宗。但当时唐昭宗年仅三十八岁，无论是智力和精力都处在旺盛期，朱温很担心这个总想有为的皇帝会利用军阀李茂贞、李克用这些人来制衡自己。所以，他觉得不如让唐昭宗滚开，自己当皇帝。

但不能硬来，更不能明着来，于是，他就派了手下的朱有恭、氏叔琮等人前往洛阳杀唐昭宗。904年的一天，朱有恭等人带着上百名将士，手持兵器冲进了洛阳皇宫，一路上，只要遇到阻挡的侍从，都一律斩杀。没多久，叛军就如西班牙斗牛一样地闯进了后宫。宫中的嫔妃看见一个个杀气腾腾的士兵后，都吓得花容失色，尖叫着拼命逃跑。

叛军手握刀剑，追上逃散的妃嫔，毫不留情地将她们杀死。霎时，后宫中乱作一团。唐昭宗看到眼前的局面，早已不复往日的镇定，而叛军也很快发现了他，都挥舞着兵器冲上来。

昭宗见势不妙，慌忙逃窜，但他长居深宫，根本不是这些骁

庙堂真相

不一步一步来就不能当皇帝吗

朱温安排蒋玄晖在朝廷掌管机密，看管皇帝。朱温要求皇帝早点禅位，就把蒋玄晖叫来，责备他办事太慢。蒋玄晖说禅位有一套程序，得一步一步来。朱温很恼火，说："不一步一步来就不能做天子了？"

——本来就是强夺皇位，何必一定要一步一步来，把个假禅让戏搞得像模像样的呢？

勇将士的对手。他们几步便追了上来，昭宗为躲避追杀就绕着柱子跑。不过眨眼工夫，叛军的乱刀已迎头砍下，从即位之初就历经坎坷的昭宗就这样凄惨地死去了。

朱温接到消息后，匆匆赶到了洛阳。他当着众人的面痛哭道："朱有恭这些人害了我呀！我本来是一心为大唐安危奔波，却不料到如今竟落下这等恶名！"说完之后，他泣不成声。在场的人却听得心惊胆战，他们知道这个手握重兵的朱温接下来要做的就是卸磨杀驴。

果然，他为了向天下人展示他对朝廷的赤胆忠心，将朱有恭等人诛杀。朱有恭死前才幡然醒悟，他痛悔不已，仰天长叹："朱温真小人也！我信他片面之词，为他出生入死，没想到最终竟落得这样的下场，他日老天有眼，必让他不得好死！"

昭宗死后，朱温就扶持他的儿子上台，是为唐哀帝，又称唐昭宣帝。哀帝年纪还很小，朱温之所以让他上台，就是想着日后好控制。他一边加紧为登上皇位做准备，一边控制着朝堂上形同虚设的小皇帝，而哀帝就这样形同傀儡般地度过了三年时光。

907 年，朱温的狼子野心彻底暴露在了天下人面前。他授意

社会风情

千万别做画家

阎立本是唐朝著名画家。一次唐太宗在园里游船，看见一群水鸟非常好看，就命大臣们赋诗，又派人把阎立本找来。阎立本跑得满头大汗，看着别的人吟诗作句，自己趴在池子边上画鸟群，倍觉羞辱。打这以后，阎立本教训儿子说："我读书成绩一般，因为画画，才挤进了士大夫行列。但画画在别人眼里只是个小手艺，人家看不上咱，咱自己也觉得羞辱！你长大后可千万别干这行！"

宰相张文蔚联合百官一起去拜见他，劝他登基。朱温看到百官后，假装惶恐一番，坚决推辞不敢接受，还口口声声地说要永保大唐社稷。百官们多次劝进，朱温多次推辞。最后一次，他接受了众人的请求。

就在这一年，朱温正式称帝，国号大梁，史称后梁。唐哀帝自然被废，改立为济阴王。朱温为了永绝后患，在第二年就命人把这个小皇帝毒死了。中国历史上最为辉煌灿烂的大唐帝国就这样走完了它的全部路程。历史继续前行，而华夏大地将迎来的是又一个分裂动乱的时期——五代十国。但这已经是另一个舞台上的故事了。

向历史借智慧

把枪口抬高一厘米

既然是个打工的，难免会被要求去做一些自己不愿意做的事情，朱有恭这回就遇上了：他替朱温解决了唐昭宗，却把自己推到了火炉上——有史以来，替人做这种事情的人，没有不被当替罪羊杀掉的。有个故事，德国统一后，有一名士兵因为曾经枪杀一名试图爬过柏林墙的青年，而遭审判。律师辩护说，士兵只是执行命令，不应该被判有罪。法官不同意：不执行命令是有罪的，但打不准是无罪的，作为一个有良心的人，你可以选择把枪口抬高一厘米。

图书在版编目（CIP）数据

一口气读懂中国史／将进酒·黄 著．—北京：东方出版社，2020.1

ISBN 978-7-5207-1206-4

I．①一… II．①将… III．①中国历史－古代史－青少年读物

IV．① K220.9

中国版本图书馆 CIP 数据核字 (2019) 第 198578 号

口气读懂中国史·唐朝故事

(YIKOUQI DUDONG ZHONGGUOSHI · TANGCHAO GUSHI)

作　　者：将进酒·黄

责任编辑：辛春来

出　　版：东方出版社

发　　行：人民东方出版传媒有限公司

地　　址：北京市朝阳区西坝河北里 51 号

邮　　编：100028

印　　刷：三河市嘉科万达彩色印刷有限公司

版　　次：2020 年 1 月第 1 版

印　　次：2020 年 1 月第 1 次印刷

印　　张：70（全 10 册）

开　　本：880 毫米 ×1230 毫米　1/32

字　　数：1570 千字（全 10 册）

书　　号：ISBN 978-7-5207-1206-4

定　　价：268.00 元（全 10 册）

发行电话：(010) 85924663　85924644　85924641

如有印装质量问题，我社负责调换，请拨打电话：（010）85924602　85924603

学习笔记